Norwegen
mit dem Postschiff

Ralf Schröder

Reisen mit Erlebnis-Garantie

MERIAN-TopTen

Was Sie unbedingt sehen sollten

MERIAN-Tipps

Persönliche Empfehlungen

unserer Autoren

MERIAN-Bewertung

Nicht zu übertreffen

Herausragend

Sehr gut

Für Familien

Für Eltern mit Kindern besonders

geeignet

Tourenplaner

Damit Sie leichter ans Ziel kommen

Bergen – mit seinen pittoresken spitzgiebeligen Holzhäuschen entlang der Bryggen eine der schönsten Städte Norwegens – ist Ablegehafen der Postschiffe Richtung Norden.

✦ Karten und Pläne

Die Buchstaben-Zahlen-Kombinationen im Text verweisen auf die Planquadrate der Karten.

Mehr als hundert Jahre lang

waren die Schnelldampfer die wichtigste Verbindung in den Hohen Norden. Und man kann fragen, was wäre Norwegen ohne Hurtigruten?

Hat man den Polarkreis passiert, ragen die Gipfel der Lofoten tausend Meter aus dem Meer empor. Sie bestehen aus einer vom Festland getrennten, fast 150 Kilometer langen Inselkette.

»Wir legen in wenigen Minuten ab. Der nächste Hafen ist Florø um 2.15 Uhr.« Kurz nach der Durchsage wird die Gangway eingezogen, die Leinen werden losgemacht, und der Postdampfer zieht in die Nacht hinaus. Schnell verschwinden die Lichter von Bergen, blinken erste Leuchttürme und Richtfeuer. Schnittig zerteilt der Bug kleine Schaumkronen, die auf der dunklen See tanzen. Jeden Tag verlässt eines der seetüchtigen Hurtigruten-Schiffe den Hafen der alten Hansestadt Bergen in Westnorwegen in Richtung Kirkenes an der russischen Grenze, weit jenseits des nördlichen Polarkreises. Nach fünfeinhalb Tagen und 32 Häfen später werden Ziel und Wendepunkt erreicht, ohne langen Stopp geht es zurück nach Bergen. Rund 2500 Seemeilen legen die Schiffe auf der zwölftägigen Reise zurück.

Die beiden letzten klassischen Postdampfer wurden im Frühjahr 2002 von modernen Neubauten abgelöst. Die »Finnmarken« und die »Trollfjord« markieren die jüngste Generation, die einen hohen Nutzwert mit kreuzfahrtähnlichem Komfort verbindet. Nur im Winter wird ab und an einer der traditionellen Dampfer aus den sechziger Jahren noch als Ersatzschiff zum Einsatz kommen. Während Schiffe wie die alte »Lofoten« nur vier bis sechs Fahrzeuge transportieren konnten, fassen die neuen Modelle wie die »Nordlys« bis zu 50 Autos. Früher wurden die PKW mit einem Ladebaum an Bord gehoben, heute fährt man bequem mit dem Auto über eine seitliche Rampe in den Schiffsrumpf hinein.

Hurtigruten hat einschneidende Veränderungen erlebt, daran besteht kein Zweifel. Die »Reichsstraße Nummer 1« hat man Hurtigruten genannt, die Nabelschnur des Nordens seien die Frachtschiffe, die sich täglich nach Nordnorwegen aufmachen.

Ihre Funktion als Postschiffe haben sie in den letzten 15 Jahren weitgehend verloren. Die Post erreicht den Norden meist schneller per Flugzeug. Nur im Winter, wenn die Straßen zugeschneit oder vereist sind, die Flugzeuge wegen Nebels oder Schneetreibens Startverbot erhalten, dann dürfen die Postdampfer wieder einmal zeigen, was in ihnen steckt.

Die wenigen Male im Jahr, in denen ein ganzer Landesteil die Schiffsverbindung benötigt, reichen nicht aus, um die bis dato gezahlten staatlichen Subventionen zu rechtfertigen. Doch in einem so langen und zerklüfteten Land wie Norwegen spielen nicht nur rationale Argumente eine Rolle. Viel ernster werden – nicht nur zu Wahlkampfzeiten – regionalpolitische Aspekte genommen. Der Norden des Landes, der sich oft benachteiligt fühlt, hat sein Gewicht pro Hurtigruten in die Waagschale geworfen.

Zwischen Nostalgie und Wirtschaftlichkeit

In den Neunzigern hatte der Reichstag beschlossen, die Mittel für Hurtigruten so zu reduzieren, dass sich die Linie ab 2002 selbst tragen kann. In Verhandlungen mit den beiden Reedereien kam es zu einem Kompromiss: Jetzt zahlt der Staat für die Aufrechterhaltung des täglichen Liniendienstes im Winter, im Sommer sollen sich die Postdampfer selbst finanzieren. Damit würdigte der norwegische Staat auch die Anstrengungen der beiden Reedereien Ofotens og Vesterålens Dampskipsselskab (OVDS) und Troms Fylkes Dampskipsselskap (TFDS) zur Erneuerung der Flotte. Der Versuch, OVDS und TFDS zu einer gemeinsamen Reederei zusammenzuschließen, ist im Frühjahr 2002 gescheitert. Es wäre das erste Mal gewesen, dass nur eine Reederei Hurtigruten betreibt.

Von den zuletzt eingesetzten drei Schiffsgenerationen sind nach der Indienststellung der »Finnmarken« und der »Trollfjord« nur noch die so genannte mittlere Generation und die neue Generation im Dienst, die traditionellen Schiffe haben bis auf einzelne Ersatztermine ausgedient. Zur mittleren Generation gehören »Vesterålen«, »Midnatsol« und »Narvik«, sie wurden Mitte der achtziger Jahre gebaut und bereits 1995 modernisiert.

Die Zeiten, als Hurtigruten Fracht, Post und Einheimische transportierten und Touristen »auch« mitfahren durften, sind wohl unwiederbringlich vorbei. Vor diesem Hintergrund wird verständlich, warum die Postdampfer nun auch den Geirangerfjord anlaufen. Zunächst testete man mit der »Richard With« den Abstecher. Seit dem Sommer 2000 besuchen alle Schiffe auf der nordgehenden Route zwischen April und Oktober den Geirangerfjord. Dafür erfolgt die Abfahrt in Bergen zwei Stunden früher, zudem wurde der Aufenthalt in Ålesund verkürzt.

Wer aber glaubt, die Postdampfer seien nur noch Kreuzfahrtschiffe im Liniendienst – immerhin verfügt die Finnmarken über einen Außenpool –, der täuscht sich: Die Zahl der Einheimischen, die Hurtigruten als Transportmittel nutzen, ist noch stärker gestiegen als die Zahl der Touristen! Die neuen Schiffe sind von den Reisenden gut angenommen worden. Die deutlich erhöhte Kapazität hat dazu geführt, dass Reisen mit Hurtigruten preisgünstiger geworden sind. Zudem werden heute viel mehr Teilstrecken und Schiff-Flug-Reisen angeboten, als dies noch vor wenigen Jahren der Fall war.

Von der Staffelpost zur Dampfschifffahrt

Eine Postroute in den Norden Norwegens gab es bereits in der Mitte des 17. Jahrhunderts, als das Land noch zu Dänemark gehörte. Zweimal jährlich brachten Fischer in offiziellem Auftrag die Post von Trondheim zur Festung Vardøhus in der Finnmark. Ab 1804 übergaben je acht Ruderer die Post von einem Team an das nächste, bis sie den Hohen Norden erreichte. Das erste Ruderboot verband Trondheim mit Bodø, das zweite Bodø mit Tromsø, das dritte brachte die Briefe und Pakete bis Alta. Alle drei

Wochen wurde so die Verbindung nach Nordnorwegen aufrechterhalten. Mitte des 19. Jahrhunderts lösten Dampfschiffe die Ruderer ab, doch fehlten entlang der 2500 Seemeilen langen Küste Navigationshilfen wie Leuchttürme, Bojen und Landmarken.

Der entscheidende Tag in der Geschichte von Hurtigruten ist der 2. Juli 1893, als das erste Linienschiff in Trondheim mit dem Ziel Hammerfest ablegte. Der aus Tromsø stammende Kaufmann Richard With hatte die Notwendigkeit einer regelmäßigen Frachtverbindung erkannt und die Vesterålens Dampskipsselskap gegründet. In Hammerfest wurde die Ankunft des Schiffes freudig begrüßt, jetzt hatte man Anschluss an die Welt gefunden. Nachdem der erste Winter überstanden war – es musste der Beweis erbracht werden, dass Dampfschiffe auch im Winter die schwierige Route befahren können –, schlossen sich 1894 zwei weitere Reedereien mit ihren Schiffen Hurtigruten an. 1898 wurde die Strecke bis Bergen erweitert, und im Staatsvertrag von 1911 wurde die bis heute gültige Routenführung bis nach Kirkenes festgelegt. Einzelne Häfen mögen im Laufe der Jahrzehnte hinzugekommen oder wieder aus dem Fahrplan gestrichen worden sein, doch viel hat sich nicht verändert.

Geblieben ist die grandiose Kulisse der norwegischen Küste: schneebedeckte Gipfel, einsame Inseln, gischtumtoste Leuchttürme und kleine Ortschaften, die sich an die Berghänge zu klammern scheinen. Eine Reise entlang der Küste führt vorbei an Niemandsland, Gegenden, in denen menschliches Leben schwer vorstellbar ist. Umso mehr überraschen die Städte mit ihrem großen Kulturangebot und dem quirligen Straßenbild im Sommer. In Trondheim erwartet man es vielleicht noch, doch dass in Tromsø die Post abgeht, erstaunt

Unberührte Natur und lebendige Kultur

immer wieder. Diskotheken und Restaurants haben im liberalen Norden einen festen Platz im öffentlichen Leben.

Dass auf der Reise mit Hurtigruten das **Nordkap** umrundet wird, übt vor allem auf deutsche Urlauber einen ungemeinen Reiz aus. Der Tagesausflug vom Schiff aus mit dem Bus zum vermeintlich nördlichsten Punkt Europas wird immer wieder gern gebucht. Von rund 200 000 Besuchern jährlich sind etwa die Hälfte Deutsche. Die Norweger selbst sind am Nordkap wenig interessiert, sie machen nur etwas mehr als zehn Prozent der Besucher aus, gefolgt von Gästen aus Italien und Frankreich. Der Drang ans Nordkap ist ein deutsches Phänomen. Die Statistik weiß ferner, dass rund ein Drittel aller Nordkapbesucher per Schiff anreist. Selbst wenn man all die Kreuzfahrtschiffe in der Saison abzieht, wird deutlich, wie wichtig die Schiffe der Hurtigruten für den Touristenmagnet Nordkap sind.

Es hat im Laufe der Geschichte von Hurtigruten immer wieder

Oben: Die Fahrt der Hurtigruten-schiffe geht über den Polarkreis hinaus, dorthin, wo im Sommer die Sonne ununterbrochen scheint.

Mitte: Seit den Pionierzeiten der Post-schiffe Ende des 19. Jh. hat sich viel verändert – heute genießen die Passa-giere an Bord jeglichen Komfort. Ein „MS Kong Harald" gibt es aber auch in der neueren Generation der Flotte.

Unten: Trondheims Speicherhäu-ser in der traditionellen Holzbau-weise. Sie stehen auf Stelzen am Fluss Nidela (→ S. 44).

Versuche gegeben, die Strecke zu verlängern oder zu verkürzen. Da wollte man die Postdampfer ab Bremerhaven oder Stavanger fahren lassen, um eine bessere internationale Anbindung zu schaffen. Es gab auch Vorstöße, aus Gründen der Kostenreduzierung die Schiffe erst ab Trondheim einzusetzen. Keine der Lösungen konnte sich durchsetzen. Erst seitdem die älteren Schiffe ausrangiert wurden, suchen die Reedereien nach neuen Einsatzgebieten. So werden im Sommer mit der alten »Nordstjernen« Trips von Tromsø nach Spitzbergen angeboten, die sich mit einer Rundreise auf Hurtigruten kombinieren lassen. Durch das Neubauprogramm ist man flexibler geworden: Im Winterhalbjahr 2002/2003 wird erstmals ein modernes Hurtigrutenschiff nach Chile verlegt, um im dortigen Sommer die Fjorde und die Antarktis zu bereisen. Die Norweger wollen in einem Joint Venture in Chile ein Pendant zu Hurtigruten aufbauen.

Bezirksautonomie contra Regierungsinteressen

Hurtigruten war und ist in Norwegen auch ein Politikum. Schon bei der ersten Reise am 2. Juli 1893 war das Interesse in Trondheim eher gering, doch in Hammerfest riesig. Für Norwegens Norden hat Hurtigruten immer noch Symbolcharakter. Die Postschiffe stehen für nichts Geringeres als den Zugang zum Weltmarkt, als »die« Verbindung nach Süden. Wenn »die in Oslo« über die Zukunft von Hurtigruten entscheiden, schreit ein ganzer Landesteil auf. Die Reaktionen in den Regierungsbezirken Nordland, Troms und Finnmark sind ähnlich irrational wie die in der Frage des Walfangs.

Während im Süden viele Norweger gegen den **Walfang** sind, sind in Nordnorwegen über 80 Prozent der Bevölkerung dafür. Mit wirtschaftlichen Gründen hat dies wenig zu tun, denn im Norden leben höchstens 700 Personen direkt oder indirekt vom Walfang. Es ist vielmehr die Angst vor dem Verlust der kulturellen Identität und die Angst vor Fremdbestimmung, die Nordnorwegen in Fragen Walfang, Fangquoten für die Fischerei und Hurtigruten eint. Da spielt es auch keine Rolle mehr, ob »die da« in Oslo oder

❗ MERIAN-Lesetipp

An der norwegischen Westküste regnet es schon mal öfter. Um Regentage genussvoll zu überstehen, seien die Kriminalromane des Bergenser Schriftstellers **Gunnar Staalesen** empfohlen. Dunkle Gestalten werden von Privatdetektiv Varg Veum durch Nebel und Regen verfolgt. Neben der durchweg spannenden Handlung zeichnet Staalesen mit seiner Romanreihe ein genaues Bild seiner Heimatstadt jenseits der Klischees der Tourismuswerbung. **Im Dunkeln sind alle Wölfe grau** (Goldmann Verlag) ist einer von mehreren ins Deutsche übersetzten Krimis von Gunnar Staalesen.

Brüssel sitzen, ob »die da« norwegische Beamte oder Greenpeace-Mitglieder sind. Sobald der Verlust der eigenen Souveränität befürchtet wird, reagiert ein ganzer Landesteil panisch.

Wer als deutscher Tourist angesichts solch irrationaler Denkweise meint, den Norwegern Umweltpolitik erklären zu müssen, erlebt sein blaues Wunder. Dann folgen Fragen nach deutschen Kernkraftwerken, nach Hühnerfarmen und anderen Formen der Massentierhaltung. »Was sind dagegen 279 Zwergwale im Jahr?« wird einem vorgerechnet, und die Antwort fällt schwer. Der norwegische Walfang ist Küstenwalfang, der meist im Familienbetrieb mit drei bis vier Personen und einem Kutter stattfindet. Eine Walfangindustrie wie in Japan oder Russland gibt es in Norwegen nicht mehr. Eine wirtschaftliche Funktion hat der Walfang nicht, die ökologischen Auswirkungen sind auch unter Fachleuten umstritten. Und so reduziert sich die Frage des Walfangs auf Seiten der Umweltschützer wie der Nordnorweger auf ihren Symbolcharakter. Die einen wollen nicht sehen, dass ein neuer Anfang gemacht wurde, dem andere Nationen folgen könnten. Und die Nordnorweger wollen sich von niemandem dreinreden lassen.

Deutsche Urlauber tun aber auch aus anderen Gründen gut daran, den schulmeisterlichen Zeigefinger in der Hosentasche zu lassen. Denn je weiter sie in den Norden kommen, umso öfter werden sie auf Ortschaften und Städte treffen, die von deutschen Truppen dem Erdboden gleichgemacht wurden. 10 400 Häuser, 121 Schulen, 27 Kirchen und 21 Krankenhäuser wurden allein in der Provinz Finnmark niedergebrannt, abgerissen oder gesprengt. Kirkenes und Hammerfest gehörten beispielsweise zu den Städten, die durch die Strategie der »verbrannten Erde« vollständig zerstört wurden. In für Schulen zugelassenen Geschichtsbüchern wird Hammerfest auch als »Hiroshima des Nordens« bezeichnet. Den Erzhafen Narvik konnten deutsche Truppen nur kurzzeitig erobern, er fiel ebenso wie Bodø deutschen Fliegerangriffen zum Opfer. Heute gibt es kaum noch Vorbehalte gegen Deutsche. Niemand zweifelt,

Spuren deutscher Kriegsgeschichte

dass Deutschland ein demokratischer Staat ist und dass man in gutnachbarlicher Freundschaft leben könne. Aber sobald man sich im Norden bevormundet fühlt, fallen die Reaktionen gereizt aus. Frei nach dem Motto: »Ihr wolltet uns schon einmal erklären, wie wir zu leben haben. Und was ist daraus geworden?« Eine Reise mit Hurtigruten ist zwangsläufig auch eine Reise durch einen Teil der deutschen Geschichte.

Nicht nur grandiose Natur und eine leichte Brise seemännisches Abenteuer warten auf aufmerksame Reisende, sondern auch die Vielfalt und Widersprüchlichkeit der Küstenkultur Norwegens.

Die Kabinen an Bord von Hurtigruten und norwegische Hotelzimmer haben eines gemeinsam: den relativ hohen Preis. An Land gibt es aber Alternativen.

Die »MS Finnmarken« ist einer der beiden nagelneuen Superstars der Hurtigruten-Flotte – hier logieren Seereisende zwischen Bergen und Kirkenes wie im Luxushotel.

Wer zum ersten Mal mit einem Schiff fährt, sollte sich darauf einstellen, dass Kabinen immer kleiner sind als Hotelzimmer. Koffer und Reisetasche sollten also nicht zu voluminös ausfallen. Die erste Entscheidung bei der Buchung von Hurtigruten ist die Frage, ob **Innen-** oder **Außenkabine**. Außenkabinen haben zumindest ein Bullauge, bei den neueren Schiffen oder auf den höheren Decks auch Fenster.

Die Preise für die zwölf Tage dauernde Rundreise sind je nach Saison und Kabinenkategorie unterschiedlich. Es wird nicht nach dem Baujahr der Schiffe unterschieden. Die gleiche Kabinenkategorie kann somit von Schiff zu Schiff unterschiedlich ausfallen. Die Kabinen auf den Neubauten halten durchgängig einen hohen Standard mit eigener Dusche und WC. Die Preise variieren je nach Reisezeit, Lage und Ausstattung der Kabine kräftig. Wer über einen Reiseveranstalter in Deutschland bucht, zahlt für die komplette Rundreise zwischen 1405 € (im Januar in einer einfachen Kabine) und 7115 € (im Juni in einer Suite), wobei in diesem Preisbeispiel die Anreise mit Color Line auf der Route Kiel–Oslo und der Bergenbahn bereits eingeschlossen ist. Die Fluganreise kostet im Schnitt rund 150 € mehr. Wer allein reist, kommt im Winterhalbjahr günstiger weg, für bestimmte Kabinenkategorien entfällt der Zuschlag für Einzelbelegung der Kabinen zwischen September und April. Ansonsten liegen die Zuschläge zwischen 130 und 1733 € (Preise Stand 2002).

Seit zwei Jahren sind die Hurtigruten-Reedereien in Zusammenarbeit mit Reiseveranstaltern dazu übergegangen, auch Kurzreisen auf Teilstrecken der Postdampfer-Route anzubieten.

Man kann aber auch wie die Norweger als normaler Passagier des »Verkehrsmittels« Hurtigruten seine Fahrkarte am Kai lösen, um ein Teilstück mitzufahren. An Bord der Hurtigrutenschiffe werden immer Plätze für »gewöhnliche« Passagiere frei gehalten. Kabinen gibt es nur nach Verfügbarkeit, eine Reservierung in einem Hurtigruten-Büro ein paar Tage vorher ist sinnvoll. Zahlungsmittel an Bord sind Norwegische Kronen, doch beim **Zahlmeister** (Purser) werden alle gängigen Währungen ungefähr zu Bankkursen getauscht. Die Zahlung per Kreditkarte – beispielsweise für Landausflüge – ist möglich.

Norwegische Hotels werden zur Urlaubszeit oft günstiger, weil sie hauptsächlich von Seminaren und Konferenzen leben, die während der Ferienzeit nicht stattfinden. Nur in den Touristenzentren wie Bergen oder direkt an den Fjorden geben die Preise kaum nach. Hilfreich sind Hotelscheck- oder Hotelpasssysteme, die teils kettengebunden, teils unab-

Hotels und Ferienhäuser

hängig von Hotelketten Rabatte bieten. Informationen erteilt das Norwegische Fremdenverkehrsamt.

Als Mitglied des Deutschen Jugendherbergswerks kann man in den Norwegischen Jugend- und Familienherbergen zum Mitgliedspreis übernachten.

Typisch für Norwegen sind die **hytter**. Dabei handelt es sich meist um komfortable Ferienhäuser, die wochenweise vermietet werden. Straßenschilder mit einem blau-weißen Viereck und dem Hüttensymbol weisen auf Unterkünfte hin, die auch tageweise vermietet werden. Stehen die Hütten am oder auf Stelzen im Meer, werden sie **rorbu** genannt.

Alle in diesem Buch empfohlenen Unterkünfte auf einen Blick

Preisklassen

Die Preise gelten für eine Übernachtung im Doppelzimmer im Hotel für zwei Personen einschließlich Frühstück.
★★★★ ab 1500 nkr = ca. 200 €
★★★ ab 1100 nkr = ca. 150 €
★★ ab 600 nkr = ca. 80 €
★ ab 350 nkr = ca. 50 €

ESSEN UND TRINKEN

An Bord der Hurtigruten-Schiffe mangelt es
an nichts, was Leib und Seele zusammenhält.
Liebhaber von Fischspezialitäten finden eine
selten große Auswahl vor.

Was nehmen Sie als Vorspeise? Ein gutes Restaurant gehört zu jedem Hurtigruten-Schiff – im Speisesaal mit Buffet auf der »Trollfjord« ist jedoch auch das Ambiente vom Feinsten.

Wer eine Rundreise mit Hurtigruten bucht, für den ist Vollpension eingeschlossen. Und das ist gut so. Das reichhaltige Frühstücksbuffet lässt kaum Wünsche offen. Ungewohnt für viele: Bereits am Morgen gibt es Fisch. Eingelegter Hering in Senf- oder Dillsauce gehört ebenso dazu wie **flatbrød**, das pergamentdünne norwegische Knäckebrot. Nur ein herzhaftes frisches Brot wird vermisst, aber das ist im Norden ohnehin noch nicht erfunden worden.

Die warmen Mahlzeiten an Bord sind reichlich und von gutbürgerlicher Qualität. Das Mittagessen heißt **lunsj** und ist eine deutlich kleinere Mahlzeit als daheim. Das Abendessen heißt **middag**, was regelmäßig zu Verwechslungen führt. Middag ist nicht wie das deutsche Mittagessen zu verstehen, sondern ist ein warmes Essen, das in den Städten normalerweise zwischen 16 und 18 Uhr gegessen wird.

An Bord wird in der Regel um 18 Uhr gespeist. Je nach Schiff und Größe des Speisesaals kann es notwendig sein, dass in zwei Gruppen gegessen wird.

Wird man zum middag bei einer norwegischen Familie eingeladen, muss man ausdrücklich nach der Uhrzeit des Essens fragen. Wenn Gäste kommen, wird nämlich häufig erst abends um 19 oder 20 Uhr gegessen. Auf dem Land dagegen, wo der Arbeitstag schon um fünf Uhr morgens anfängt, wird middag wie unser Mittagessen gegen 12 Uhr eingenommen. Wie allgemein im Norden üblich, wird nach dem Abendessen, ob im Restaurant oder privat zu Hause, gerne eine Tasse Kaffee getrunken. Der **påfyll** genannte Nachschlag ist normalerweise kostenlos oder – wie es sich in einigen Cafeterien eingebürgert hat – zum halben Preis erhältlich.

Die norwegische Küche ist im Grunde eine sehr schlichte. Man scheint sich lange der einfachen Speisen geschämt zu haben, denn auf den Speisekarten dominieren italienische Pizzen – norwegische Krabben zollten dem heimischen Rohwarenangebot Tribut – und so

Restaurants auf dem Land und in der Stadt

genannte internationale Spezialitäten wie Wiener Schnitzel. Cafés sind »Wien-inspiriert«, und Bier muss auf bayerische Art gebraut sein. Nötig haben die Norweger die vermeintliche Weltläufigkeit nicht. Beim Bier hält **Mack-Øl** aus Tromsø jedem Vergleich stand, auch wenn es ohne Krone gezapft wird. Das Zapfen ohne Druck ist in Norwegen üblich, sehr zum Graus eingefleischter deutscher Biertrinker. Der Wein, der in Restaurants erhältlich ist, wird vom staatlichen **vinmonopolet** eingeführt und ist von guter Qualität, von einzelnen Scheußlichkeiten abgesehen, die es aber auch hier zu Lande gibt. Die Preise unterscheiden sich durch die hohen Alkoholsteuern allerdings deutlich. Wenn die Flasche Wein im Restaurant ab 250 nkr (32 €) kostet, verdient der Wirt am wenigsten daran. Ein großes Bier liegt mit Preisen zwischen 6 und 7 € ebenfalls jenseits der Schmerzgrenze. Preisgünstige Mahlzeiten werden häufig als **dagens rett** oder **dagens meny**, als Tagesgericht, angeboten, das gelegentlich schon ab ungefähr 15 € zu haben ist.

Was der Gastronomie fehlt, ist gute Mittelklasse. Weder preislich noch qualitativ wird die Lücke zwischen **gatekjøkken**, dem Schnellimbiss an der Straße, und den Restaurants der gehobenen Klasse geschlossen. Gasthöfe und Gasthäuser, wie es sie in Dänemark als Kro (Krug) gibt, fehlen weitgehend. Dies macht sich vor allem auf dem Lande abseits der Touristenzentren bemerkbar. Hier haben oft nur die Hotels eine Schanklizenz, was gleichbedeutend mit der Möglichkeit ist, ein Restaurant zu betreiben. Tischreservierung ist üblich in Norwegen. Auch wartet man selbst in einfacheren Etablissements, bis man vom Oberkellner zum Tisch geführt wird.

In den Städten wie Bergen, Trondheim und Tromsø ist die Lage anders. Top-Restaurants gibt es genügend, doch die Schere zwischen deutschem und norwegischem Preisniveau bleibt bestehen. In den Universitätsstädten hat sich eine neue Generation von Kneipen etabliert, die im Grunde auf einer alten Tradition fußt: der **spiseplikt**, auf Deutsch Verzehrzwang. In die Kneipe gehen, um nur ein Bier zu trinken, das gab es früher nicht. Man musste eine Speise bestellen, um Alkohol zu bekommen. Dafür gab es belegte Brötchen, die oft unangetastet wieder in die Küche zurückgingen; es heißt, man habe sie sogar mehrfach aufgetischt. Auch heute bekommen Eckkneipen ohne Speisekarte kaum eine Schanklizenz. Also serviert man in Lillehammer und Stavanger, in Trondheim und Tromsø in den Studentenkneipen kleine Gerichte zu günstigen Preisen. Und die sind – im Gegensatz zu den belegten Brötchen der Sechziger – sogar ganz lecker.

Norwegische Spezialitäten

Rømmegrøt ist ein Sauerrahmbrei, der mit flüssiger Butter übergossen wird. Das traditionelle Weihnachtsgericht heißt **lutefisk**. Getrockneter Dorsch wird zwei bis drei Tage in einer Lauge mariniert und dann gekocht. Lutefisk riecht gewöhnungsbedürftig, sieht manchmal noch gewöhnungsbedürftiger aus,

aber schmeckt sehr gut. Ebenfalls zu Weihnachten gibt es **pinnekjøtt**, geräucherten und auf Birkenholz im Topf gedämpften Hammelrippenbraten, der mit gekochten Kartoffeln, **kålrabistapp** und geschmolzener Butter serviert wird. **Eggerøre**, das ordinäre Rührei, genießt in der norwegischen Küche einen hohen Stellenwert. Kalt oder lauwarm zum Frühstück, mittags zu Kartoffelsalat und Fisch, und abends fehlt es ebenfalls auf keinem Buffet. Da weiß man, was man hat.

Wer keinen Fisch mag, hat in Norwegen einen schweren Stand. Zwar gibt es **spekemat**, die norwegische Variante einer Schlachtplatte mit Schafswurst und Rentierschinken, doch beim Verzicht auf all die verschiedenen Fischspezialitäten verpasst man den wichtigsten Bestandteil der Küche an der norwegischen Küste. Wurst und Fleischwaren schmecken am besten, wenn Wild, Rentiere oder Schafe zubereitet wurden. Liebhaber von Fischgerichten werden sich hingegen wohl fühlen. Gegrillten frischen Lachs findet man häufig, seltener (und deshalb auch teurer) ist die überaus delikate Bergforelle. Auf den Lofoten ist gekochter Dorsch mit Kartoffeln und Rogen ein ganz traditionelles Essen.

Restaurants sind bei den einzelnen Orten im Kapitel »Sehenswerte Orte« beschrieben.

Restaurants sind bei den einzelnen Orten im Kapitel »Sehenswerte Orte« beschrieben.

Preisklassen

Die Preise beziehen sich auf ein Menü für eine Person ohne Getränke und Trinkgeld.

★★★★ ab 40 €
★★★ 25–40 €
★★ 15–25 €
★ bis 15 €

A

akevitt: Kümmelschnaps
ansjos: Sardelle
appelsinjuice: Orangensaft

B

bacon: Schinkenspeck
barnemeny: Kindergericht
biff: Entrecôte
blåbær: Blaubeere
bløtekake: Sahnekuchen
boller: süße Brötchen
breiflabb: Seeteufel
brennevin: Schnaps
bringebær: Himbeere
brunost: Mischung aus Kuh- und Ziegenkäse
brus: Limonade
brød: Brot

C

cider: Apfelmost

D

dagens rett: Tagesgericht
dessert: Nachtisch
drikk: Getränk
drikkevann: Trinkwasser

E

eddik: Essig
egg: Eier
elgkjøtt: Elchfleisch
eplemost/eplesaft: Apfelsaft
ertestuing: Erbsenpüree

F

fatøl: Bier vom Fass
fersk: frisch
finnbiff: Rentiersteak
fisk: Fisch
fiskeboller: Fischklöße
fiskekaker: Fischfrikadelle
fiskepudding: Fischpudding
flattbrød: dünnes Knäckebrot
fløte: Sahne
forrett: Vorspeise
frokost: Frühstück
frukt: Obst
fårikål: Eintopf aus Hammelfleisch und Kohl

G

gaffel: Gabel
gammelost: alter Käse, Handkäse
gatekjøkken: Imbiss
geitost: Ziegenkäse (Spezialität!)
glass: Glas
gravlaks: gebeizter Lachs
grovbrød: Vollkornbrot
grønnsaker: Gemüse
gulrøtter: Karotten

H

H-melk: (frische) Vollmilch
hakkekjøtt: Hackfleisch
hare: Hase
hjort: Hirsch
honning: Honig
hovedrett: Hauptgericht
husets vin: Wein des Hauses
hvalkjøtt: Walfleisch
hvitvin: Weißwein

I

is: Eis
iskrem: Speiseeis

J

jordbær: Erdbeeren
juice: Fruchtsaft; meint Orangensaft
julebord: Weihnachtsbuffet

K

kaker: Kuchen
kalvekjøtt: Kalbfleisch
kalvesteik: Kalbsbraten
karaffelvin: Wein des Hauses
kirsebær: Kirsche
kjeks: Keks
kjøtt: Fleisch
kjøttkaker: Frikadellen
kjøttpudding: Hackfleisch-»Pudding«
kniv: Messer
kolje: Schellfisch
krabber: Krabben
kreps: Krustentier
kryddersild: Bismarckhering
kulturmelk: Buttermilch
kveite: Heilbutt
kvelds: Abendbrot
kylling: Hähnchen
kål: Kohl

L
laks: Lachs
lammekjøtt: Lammfleisch
langust: Hummer
lapskaus: Labskaus
lefse: weiches, fladenartiges Gebäck
lettmelk: Magermilch
leverpostei: Leberwurst
lunsj: kleine Mahlzeit mittags
lutefisk: eingelegter Stockfisch
løk: Zwiebeln

M
majones: Mayonnaise
makrell: Makrele
melk: Milch
meny: Speisekarte
middag: warmes Abendessen
multebær: Moosbeeren

O
olje: Salatöl
ost: Käse
ovnsrett: überbackenes Gericht

P
pannekaker: Pfannkuchen
pepper: Pfeffer
pinnekjøtt: geräucherter Hammel-
  braten
pisket krem: Schlagsahne
plommer: Pflaumen
poteter: Kartoffeln
pære: Birne
pølse: Wurst
pølse og potetstapp: Wurst und
  Kartoffelbrei
påfyll: zweite Tasse Kaffee
pålegg: Aufschnitt

R
raspeballer: Kartoffelklöße
reinsdyrskjøtt: Rentierfleisch
reker: Garnelen
ris: Reis
rundstykker: Brötchen
rype: Schneehuhn
rødspette: Scholle, Goldbutt
rødvin: Rotwein
røkt: geräuchert
rømmegrøt: Sauerrahmbrei

S
saft: Konzentrat für Fruchtgetränk
salt: Salz
saus: Sauce
sei: Seelachs
sennep: Senf
sild: Hering
sjokolade: Schokolade
sjøørret: Meeresforelle
sjøtunge: Seezunge
skalldyr: Schalentiere, Krebse usw...
skinke: Schinken
skje: Löffel
solbær: Johannisbeeren
smør: Butter
smørbrød: belegtes Brot
sopp: Pilze
speilegg: Spiegelei
spekemat: Schlachtplatte aus
  Gepökeltem, Dörr- oder Rauch-
  fleisch
steinbit: Seewolf
stekt: gebraten
sukker: Zucker
surmelk: Dickmilch
sursild: eingelegter saurer Hering
svinekjøtt: Schweinefleisch
syltetøy: Marmelade
søt: süß

T
tallerken: Teller
te: Tee
tepose: Teebeutel
torsk: Dorsch
tyttebær: Preiselbeere
tørrfisk: Stockfisch
tørt: trocken

V
vafler: Waffeln
vann: Wasser
vilt: Wild
vin: Wein

Ø
øl: Bier
ørret: Forelle

Å
ål: Aal

Wild zerklüftete Gebirgsketten

neben der ewigen Brandung des Nordmeers – zwischen Bergen und Kirkenes fasziniert eine einzigartige Natur.

Die tief in das Land schnei-
denden Fjorde passieren die
Postschiffe nur an der Küste.
Zum besonders eindrucks-
vollen Geirangerfjord wird im
Sommer jedoch ein Ausflug
angeboten (→ S. 25).

Die Mündungen der großen Fjorde
Westnorwegens passieren die Postdampfer nur
nachts. Lediglich der berühmte Geirangerfjord
wird im Sommer für ein paar Stunden besucht.

So reizvoll das Fjordland auch sein mag, Hurtigruten-Reisende erleben es nur im Vorbeirauschen. Aufgabe der Postdampfer war es immer, die Verbindung nach Nordnorwegen zu halten. Für Sightseeing war früher keine Zeit – heute wird im Sommer jedoch der berühmte Geirangerfjord besucht. Immerhin schneidet der **Sognefjord** über 200 km in die Berge des Landes hinein, wenn man seine Nebenarme mitzählt.

Autofahrer haben die Möglichkeit, die berühmtesten Fjorde auf dem Weg nach oder von Bergen zu erkunden. Wer von Kristiansand aus die Küste entlang fährt, trifft bei Stavanger auf den kargen, steilen **Lysefjord** und später auf den lieblicheren und weiten **Hardangerfjord**.

Die Reise von Bergen nach Trondheim dauert nordgehend zwei Nächte und einen Tag. Durch Fjorde fährt man (mit Ausnahme des Geirangerfjords) nicht, doch erwecken manche schmalen Passagen zwischen Inseln und Festland einen ähnlichen Eindruck. Viel bekommt man in nördlicher Richtung davon nicht mit, doch auf der Rückreise erlebt man das Inselreich vor Bergen, das auf der Hinfahrt im Dunkel der Nacht verschwindet. In Ålesund besteht die Möglichkeit zu einem längeren Spaziergang, im Sommer allerdings nur, wenn man auf den Geirangerfjord verzichtet.

Eine Referenz an die Touristen ist der geänderte Sommerfahrplan. In der Zeit von April bis September laufen alle Schiffe zweieinhalb Stunden früher in Bergen aus, um Zeit für

Das alte Hanseviertel Bryggen am Hafen von Bergen: Nur wenige der Holzhäuser überstanden die zahlreichen Brände, die das Viertel immer wieder heimsuchten (→ S. 26, 29).

einen Abstecher in den **Geirangerfjord** zu gewinnen. Ålesund wird im Sommer nordgehend zweimal angelaufen, sowohl vor als auch nach dem Besuch des Geirangerfjords. Dadurch verschieben sich die Abfahrtszeiten bis Trondheim etwas nach hinten.

Der Geirangerfjord wurde durch Kaiser Wilhelm II. in Deutschland berühmt, der hier Station zu machen pflegte. Die Schiffe halten sich eine halbe Stunde in Geiranger auf, bevor es vorbei an Schleierwasserfällen zurück in Richtung Ålesund geht.

Hafen: Bergen ■ A 4, S. 112

220 000 Einwohner
Stadtplan → Klappe hinten
Abfahrt: 1. Tag Sommer (1. April–30. Sept.) 20 Uhr
Winter (1. Okt.–31. März) 22.30 Uhr
Ankunft: 12. Tag 14.30 Uhr

Bergen, die zweitgrößte Stadt des Landes, blickt auf eine lange, bedeutungsvolle Geschichte zurück: vermutlich um 1070 mit Stadtrechten versehen, von 1217 bis 1299 Hauptstadt des Landes und ab 1350 Mitglied der Hanse. Böswillige Zungen behaupten, damit sei der Höhepunkt überschritten gewesen. Richtig ist zumindest, dass unter der dänischen Herrschaft, die bis 1814 dauerte, Bergen nicht sonderlich gefördert wurde.

Bergen darf für sich beanspruchen, große Teile des Widerstandes gegen die dänische Herrschaft gesammelt zu haben. Auch blieb Bergen nach Ende der Hansezeit die wirtschaftlich wichtigste Hafenstadt der Küste. Doch schon bei dem Etikett Hansestadt, mit dem sich Bergen heute allerorten schmückt, ist eine gewisse Vorsicht geboten. Bergen war keine Hansestadt wie Lübeck, Rostock oder Visby. In Bergen gab es ein deutsches Kontor der Hanse, das eine Art Stadt in der Stadt war. Galt im Hanseviertel am Hafen hansisches, also lübisches Recht, wurde in den umliegenden Vierteln nach norwegischem Recht zu Gericht gesessen. Ganz freiwillig kam Bergen nicht zu seinem Hansekontor: Erst nach einer Handelsblockade erhielten die Hanseaten 1284 ihre Handelsprivilegien. Das Hanse-Erbe wurde wenig gepflegt. Noch in den fünfziger Jahren gab es Pläne, die Überreste von **Bryggen**, dem Hanseviertel am Hafen, neu zu bebauen. Großfeuer haben die Holzhäuser immer wieder zerstört. Was heute zu sehen ist, stammt in den ältesten Teilen aus dem Jahr 1702. Sechs Häuser überstanden den letzten Brand 1955. Die Geschichte der Hanse lässt sich sehr anschaulich im gut besuchten Hansemuseum (**Det Hanseatiske Museum**) verfolgen, das stilgerecht in einem alten Handelshaus auf Bryggen untergebracht ist.

Das Wetter ist ein ewiges Thema in Bergen. Was den Salzburgern ihr Schnürlregen, hat in Bergen viele verschiedene Namen, je nach Dichte und Menge des Regens. Nicht ohne Grund heißt es in einem populären Lied: »Ich will nach Bergen, ich will sofort nach Bergen. Dort fühle ich mich wie ein Fisch im Wasser, nass und kalt und lauter Seeteufel«. **Breiflabb** bezeichnet übrigens nicht nur den Fisch namens Seeteufel, sondern meint im Norwegischen auch eine unverschämte Person mit großer Klappe. Die Niederschlagsmenge liegt im Jahresdurchschnitt dreimal höher als in Hamburg oder München. Die geschützte Lage zwischen den sieben Bergen ist im Zusammenspiel mit westlichen Winden und dem nahen Meer Schuld am vielen Regen. Genau dort, wo Bergen liegt, müssen die Wolken über den 643 m hohen Hausberg **Ulriken** klettern, was mit Regen quittieren. Bei schönem Wetter und guter Sicht lohnt ein Ausflug mit der Gondelbahn hinauf.

Für die Bergenser, die über Jahrhunderte dank des Stapelrechts den Handel mit dem Norden kontrollieren, ist Hurtigruten vor allem im Frachtbereich wichtig gewesen. Fertigwaren wurden in den Norden verkauft, Rohwaren, vor allem Fisch, von dort in Bergen angelandet. Doch in Zeiten, wo norwegischer Frischfisch bis tief ins mitteleuropäische Binnenland gebracht wird, haben Flugzeuge einen Großteil der Aufgaben von Hurtigruten übernommen. Dass es sich aber ursprünglich um eine Fracht- und Passagierlinie handelt, spürt man am Kai in Bergen besonders gut. Hurtigruten legt nicht dort ab, wo die Kreuzfahrtschiffe liegen, sondern im Handelshafen. Wer vor oder nach einer Reise mit Hurtigruten Bergen noch näher kennen lernen möchte, sollte dafür ein bis zwei Tage einplanen.

❶ MERIAN-Tipp

Parkhaus Bygarasjen in Bergen Wer mit dem eigenen Wagen anreist und das Auto in Bergen lässt, um die komplette Rundreise mit Hurtigruten zu machen oder um mit dem Flugzeug von Kirkenes zurückzukehren, kann es im großen Parkhaus Bygarasjen in der Straße Vestre Strømkai einstellen. Das Parkhaus liegt am Busbahnhof Bystasjonen in unmittelbarer Nähe des Hauptbahnhofs, wo sich problemlos ein Taxi zum Hurtigruten-Kai findet. Eine Reservierung ist nicht nötig. ◼ f 3

Hotels/andere Unterkünfte

Bristol ◼ d 4
Hotel mit Geschichte und Ruf, das nach jahrzehntelangem Tiefschlaf

1995 im alten Stil wiedereröffnet
wurde. Gemütlich und mit Zimmern
für allein reisende Frauen.
Torgalmenning 11 ; Tel. 55 23 23 44,
Fax 55 23 23 19; 120 Zimmer
★★ AmEx DINERS EURO VISA

Clarion Admiral M ▪ c 4
Das Hotel liegt auf der Südseite der
Bucht Vågen am Hafen. Viele Zimmer
mit Blick auf das Wasser und das ge-
genüberliegende Hanseviertel Bryg-
gen. Nach Zimmern zur Wasserseite
sollte man ausdrücklich fragen.
C. Sundts gate 9–13; Tel. 55 23 64 00,
Fax 55 23 64 64; 154 Zimmer
★★★ AmEx DINERS EURO VISA

Park Pensjon ▪ f 4–5
Schönes Hotel in einer ruhigen Ge-
gend mit Jugendstilhäusern und
Parkanlagen in der Nähe der Johan-
neskirche. Den Hügel »Nygårds-
høyden« hinab braucht man zehn
Minuten zu Fuß zum Fischmarkt.
Zurück dauert es etwas länger, denn
es geht steil bergauf.
Harald Hårfagres gate 35; Tel. 55 54 44 00,
Fax 55 54 44 44; 20 Zimmer
★★ AmEx DINERS EURO VISA

Radisson SAS Hotel Norge ▪ de 4
Mitten im Zentrum nahe dem See
Lille Lungegårdsvann gelegen. Das
Hotel Norge galt lange als das beste
Hotel der Stadt und ist noch immer
eine führende Adresse. Kurze Wege
zum Bahnhof und zum Busbahnhof.
Der Flughafenbus hält neben dem
Hotel.
Ole Bulls plass 4; Tel. 55 57 30 00,
Fax 55 57 30 01; 347 Zimmer
★★★ AmEx DINERS EURO VISA

Radisson SAS Royal Hotel ▪ c 3
Die wohl beste Adresse in Bergen
liegt direkt auf dem Gelände von
Bryggen zwischen den alten Hanse-
häusern. Ausgesprochen einfühlsam
wurde der Bau in das Viertel einge-
fügt. Die Preise entsprechen der

Lage, der Service ist sehr gut, wirkt
aber recht unpersönlich.
Bryggen; Tel. 55 54 30 00, Fax 55 32 48 08;
500 Zimmer ★★★

Victoria Hotel ▪ d 3
Das Victoria Hotel liegt in der Nähe
von Dom und Hauptbahnhof an
einer nicht ganz ruhigen Straße. Be-
sonderes Kennzeichen des Mittel-
klassehotels ist die Kunst am und im
Bau. Bilder, Grafiken und moderne
Skulpturen sind im ganzen Haus zu
finden.
Kong Oscars gate 29; Tel. 55 21 23 00,
Fax 55 21 23 50; 43 Zimmer ★★
AmEx DINERS EURO VISA

Privatunterkünfte
In der **Touristeninformation** (Bryggen
7) werden Privatzimmer bei Familien
vermittelt. Der Standard ist meist
einfach, aber sauber und ordentlich.
Oft gibt es den Familienanschluss
gratis. Am besten am Vormittag per-
sönlich in der Touristeninformation
anfragen. Keine Reservierung möglich. ★

Spaziergang

Ausgangspunkt ist der **Fischmarkt**,
nicht weil der Fisch besonders gut
ist, sondern weil man problemlos
immer wieder hierher zurückfindet.
Der Fischmarkt selbst ist nur ein Ab-
glanz früherer Tage, der Fisch überwiegend für den Tax-free-Verkauf
eingeschweißt.
   Von Zachariasbryggen blickt man
auf **Bryggen**, das einstige Hanseviertel. Dort sollte man das Hansemuseum (Det Hanseatiske Museum) nicht
versäumen. Ein Gang durch die Hin-
terhöfe gibt Aufschluss über die ver-
schachtelte Struktur der Lagerhäuser.
Im **Bryggens Museum** präsentieren
sich die interessanten Funde archäologischer Ausgrabungen. Der massige
Rosenkrantztårnet wurde von den
norwegischen Bürgern Bergens er-

baut, um den Hanseaten zu demonstrieren, dass man gewillt war, sie zu kontrollieren. Die **Håkonshalle** ließ König Håkon Håkonson zwischen 1247 und 1261 erbauen, als Bergen noch Hauptstadt war. Sie dient heute Repräsentationszwecken.

Zurück geht es an der **Mariakirche** vorbei zur Talstation der **Fløibahn.** Ein kurzer Ausflug mit der Standseilbahn von 1918 auf den Fløyen hinauf sollte mit mindestens einer Stunde veranschlagt werden.

Zurück in der Stadt geht es vorbei am **Dom** zu dem versteckt gelegenen **Lepramuseum** und durch die Fußgängerzone **Marken** und ihre Verlängerung zum Fischmarkt.

Einen kleinen Abstecher kann man noch zum See Lille Lungegårdsvann machen, an dessen südlichem Ufer die berühmte Privatsammlung **Rasmus Meyer Samlinger** mit ausgewählten Munch-Gemälden liegt.

---

❶ MERIAN-Tipp

Fløibahn Acht Minuten dauert es mit der Fløibahn hinauf auf den Hausberg Fløyen. 400 m über der Stadt bietet Bergen Natur pur. Wanderwege führen bis zum Berg Blåmannen, der in weniger als einer Stunde zu erreichen ist. Ein weiterer empfehlenswerter Wanderweg verläuft vom Fløyen zum Ulriken, dem höchsten Berg Bergens mit 643 m. Zum Ende der halbtägigen Wanderung kann man vom Ulriken aus mit der Gondelbahn und dem Bus nach Bergen zurückkehren. Fløibahn 30 nkr hin und zurück, Ulriksbahn 50 nkr hin und zurück, 70 nkr mit dem Bus aus der Innenstadt ■ e 1

Sehenswertes

Fantoft stavkirke   südöstlich ■ f 4
Im Jahre 1992 brannte die 800 Jahre alte Stabkirche Fantoft nieder. Wenige Tage später wurde beschlossen, die Kirche wieder aufzubauen. Das Geld wurde von der Stabkirchenstiftung und von Privatpersonen gespendet. Seit Frühling 1996 ist die Kopie der alten Kirche fertig gestellt. Fantoft

Håkonshallen   ■ b 4
Die Håkonshalle hat eine bewegte Geschichte hinter sich. Der Prachtbau aus dem 13. Jh. war schon fast verfallen, als der Bergenser Maler Johan Christian Dahl, Professor für Malerei in Dresden und Freund Caspar David Friedrichs, 1841 die Initiative zur Rettung von Håkonshallen ergriff. Eine Explosion auf einem Munitionsschiff im Hafen machte am 20. April 1944 die jahrzehntelangen Arbeiten zunichte. Heute wird die Halle zu Repräsentationszwecken und für Konzerte genutzt.
15. Mai–14. Sept. tgl. 10–16 Uhr, 15. Sept.–14. Mai tgl. 12–15 Uhr, Do 15–18 Uhr; Eintritt Erw. 20 nkr, Kinder 10 nkr

Lysøen   südöstlich ■ f 4
Auf der Insel Lysøen, eine dreiviertel Stunde südlich von Bergen gelegen, wohnte der Komponist und Zaubergeiger Ole Bull (1810–1880). In der ungewöhnlichen hellblauen Holzvilla von 1873 finden in den Sommermonaten Konzerte statt.
Bus bis Buena Kai, Fähre stündlich 12–15 Uhr hin, 16 Uhr zurück; Tel. 56 30 90 77; Mitte Mai–31. Aug. Mo–Sa 12–16, So 11–17 Uhr, Sept. So 12–16 Uhr; Eintritt Erw. 25 nkr, Kinder 10 nkr; Boot Erw. 30 nkr, Kinder 15 nkr

Mariakirken   ■ bc 3
Die älteste Kirche Bergens stammt aus dem frühen 12. Jh. Eine kleine, stimmungsvolle Kirche in der Stadtmitte

mit einer schönen Barock-Kanzel. Auf dem Friedhof liegen viele deutschstämmige Kaufleute begraben.

Rosenkrantztårnet ◼ b 4
Der Rosenkrantzturm, benannt nach dem Schlosshauptmann Erik Rosenkrantz, wurde 1562 gegen Ende der Hansezeit gebaut, um den deutschen Kaufleuten die Macht des dänisch-norwegischen Königs zu demonstrieren. Zusammen mit der Festung Bergenhus diente der Turm zum Schutz des Hafens. Später benutzte man ihn als Gefängnis. Ein Besuch der schmalen Gänge der Festungsanlage ist möglich.
15. Mai–14. Sept. tgl. 10–16 Uhr, 15. Sept.–14. Mai So 12–15 Uhr; Eintritt Erw. 20 nkr, Kinder 10 nkr

Troldhaugen südöstlich ◼ f 4
Das Haus des Komponisten Edvard Grieg und seiner Frau Nina ist heute eines der beliebtesten Touristenziele. Dazu trägt sicher die wunderschöne Lage am See Nordåsvannet bei. Im Garten steht die rote »Komponisthytte«, in der Edvard Grieg viele Stücke schrieb. Führungen werden auf einer »Einbahnstraße« durch das Haus vorgenommen. Wer die Atmosphäre halbwegs in Ruhe genießen möchte, sollte werktags morgens um 9.30 Uhr kommen. Im benachbarten Neubau Troldsalen finden im Sommer jeden Mittwoch und Sonntag Konzerte statt.
Troldhaugveien 65; Tel. 55 92 29 92; 1. Mai–30. Sept. tgl. 9–18 Uhr, 1. Okt.–30. April Mo–Fr 10–14, Sa–So 12–16 Uhr, Dez. geschl.; Eintritt Erw. 50 nkr, Kinder frei

Museen

Bryggen und Det Hanseatiske Museum ◼ c 3
Das Hansemuseum liegt neben der Touristeninformation auf Bryggen, das bis zum deutschen Einmarsch im Zweiten Weltkrieg »Tyskebryggen«, die »deutsche Brücke«, hieß. Dieses Viertel gehörte den deutschen Kaufleuten, hier galt lübisches Recht, und Frauen durften (offiziell zumindest) nicht hinein. Die Holzhäuser wurden immer wieder von Bränden zerstört, so dass nur wenige Gebäude vom Anfang des 18. Jh. erhalten sind. Wie es im Innern der Hansehäuser zuging, lässt sich vorzüglich im Hansemuseum erleben. Das Museum befindet sich in einem historischen Handelshaus. Lagerräume, Büros sowie Aufenthalts- und Schlafräume der Gesellen sind originalgetreu erhalten. Die Einrichtung ist teilweise älter als das Gebäude. Trotz der Besuchermassen ist das Museum liebevoll ausgestattet. Zwischen stinkendem Stockfisch auf der Waage und der Tafel mit den Preisen für die aktuellen Waren fühlt man sich fast wie in der Hansezeit. Schade, dass es oft nicht anders möglich ist, als in Gruppen durch die Räume geschoben zu werden. Auch im Hansemuseum lohnt es sich, die Hauptbesuchszeiten zu meiden. Führungen in allen Touristensprachen.
Finnegårdsgaten 1A; Tel. 55 31 41 89; Juni, Juli, Aug. tgl. 9–17 Uhr, Sept.–Mai tgl. 11–14 Uhr; Eintritt Erw. 40 nkr, Kinder frei

Bryggens Museum ◼ c 3
Die Funde der Ausgrabungen von 1955 bis 1974 werden in diesem archäologischen Museum präsentiert. Das Museum selbst ist ein moderner Klotz, der 1980 mit dem »Betonpreis« ausgezeichnet wurde. Viele Exponate sind nur auf norwegisch beschrieben, eine Führung auf Deutsch oder Englisch ist daher sinnvoll. Wechselnde Ausstellungen.
Bryggen; Tel. 55 58 80 10; 1. Mai–31. Aug. tgl. 10–17 Uhr, 1. Sept.–30. April Mo–Fr 11–15, Sa 12–15 Uhr, So 12–16 Uhr; Eintritt Erw. 20 nkr, Kinder frei

Gamle Bergen Museum
nordwestlich ■ a 2

Alt-Bergen ist ein Freilichtmuseum 2 km nördlich der Stadtmitte. Es wirkt wie ein alter Stadtteil, obwohl alle Häuser hierher gebracht wurden. Viele der Häuser, wie die alte Bäckerei, eine Damenschneiderei oder der altmodische Rasiersalon, können in den Sommermonaten auch von innen besichtigt werden.

Buslinie 1 und 9 ab Fischmarkt bis Elsero in Bergen-Sandviken; Tel. 55 39 43 04; Ca. 15. Mai–1. Sept. Mo–Sa 11–18, So 12–18 Uhr; Eintritt Erw. 50 nkr, Kinder 25 nkr

Lepramuseum, St. Jørgenshospital
■ e 3

Die kleine Anlage ist höchstwahrscheinlich einzigartig auf der Welt: Wo gibt es sonst noch eine komplett erhaltene Leprastation aus der Mitte des 18. Jh.? Die Ursprünge des Hospitals reichen auf das Jahr 1411 zurück. Seefahrer schleppten die Krankheit immer wieder nach Norwegen ein. Eine kleine Ausstellung in dem Museum informiert über den Bergenser Arzt **Gerhard Henrik Armauer Hansen**, der 1873 den Leprabazillus entdeckte. Das Museum zeigt die dunklen Seiten der internationalen Kontakte und ist dadurch ein wichtiges Gegengewicht zu den Lobgesängen auf die Hanse.

Kong Oscars gate 59; Tel. 55 32 57 80; Mitte Mai–Ende Aug. tgl. 11–15 Uhr; Eintritt Erw. 30 nkr, Kinder 15 nkr

Essen und Trinken

Bryggen Tracteursted
■ c 3

Das 300 Jahre alte Restaurant befindet sich versteckt hinter der ersten Häuserreihe auf Bryggen. An schönen Tagen wird auch draußen serviert. Das Restaurant im ersten Stock ist ganz in Holz eingerichtet.

Tel. 55 31 40 46; 1. Mai–1. Sept. 18–22 Uhr; ★★ AmEx DINERS EURO VISA

Den Gode Klode
■ ef 4

Kleines vegetarisches Restaurant mit hausgemachten Speisen. Aufgrund der leckeren Kuchen auch als Café empfehlenswert. Großer Teil für Nichtraucher. Fünf Minuten Fußweg von Torgalmenning in Richtung Grieghalle.

Fosswinckels gate 18; Tel. 55 32 34 32; tgl. 11.30–18.30 Uhr; ★

Enhjørningen
■ c 3

Das Fischrestaurant im ersten Stock eines alten Hansehauses erreicht man über eine schmale, ausgetretene Stiege. Die Tische am Fenster sind rar und bedürfen langfristiger Reservierung. Das Essen ist ausgezeichnet, der Service freundlich.

Bryggen; Tel. 55 32 79 19; tgl. 12–23 Uhr ★★★★ AmEx DINERS EURO VISA

Gamle Bergen Tracteursted M M
nordwestlich ■ a 2

Das gemütliche kleine Restaurant befindet sich in einem alten Haus im Freilichtmuseum Gamle Bergen, 2 km nördlich der Stadtmitte. Die historischen Räume sind klein und im Stil der Jahrhundertwende eingerichtet. Bei schönem Wetter wird im Garten mit Blick auf das blaue Meer serviert.

Tel. 55 25 70 34; tgl. 9.30–17.30 Uhr ★★★

Einkaufen

Bergens Glasmagasin
■ d 4

Das größte Angebot an Gläsern und Porzellan in skandinavischem Design findet man im Glasmagasin an der Rückseite des Einkaufszentrums Galleriet.

Olav Kyrres gate 9

Galleriet
■ d 4

Mit 70 kleinen und größeren Geschäften und Restaurants über sechs Etagen ist das Einkaufszentrum Galleriet Bergens schickste Passage. Die Öffnungszeiten bis 20 Uhr lassen

Oben: Der 320 m hohe Hausberg Fløyen ist das nahe gelegenste Freizeitgebiet von Bergen. Kurz hinter der Gipfelstation erschließt sich eine wunderschöne Landschaft mit Wald, Heide, Hochmooren und Seen (→ MERIAN-Tipp, S. 29).

Mitte: Ein Treffpunkt für Sonnenanbeter ist das Café Havfrygd. In Bergen herrscht an Restaurants und Cafés kein Mangel.

Unten: Eine Anlegestelle und einige Häuser, mehr bietet Torvik nicht (→ S. 33).

auch einen abendlichen Einkaufs-
bummel zu.
Torgalmenningen

Husfliden ■ d 3
Traditionelles Kunstgewerbe und
handgestrickte »echte« Norweger-
pullover. Die Preise sind nicht gerade
günstig, aber die Qualität stimmt.
Vågsalmenning 3

Am Abend

Banco Rotto ■ d 3
Das umgebaute Bankgebäude mit
der vornehmen Art, viel Geld auf den
Tresen zu legen. Im Hause befinden
sich ein Restaurant, ein Tanzlokal
und die obligatorische Bar. Mit Krawatte ist Mann gut gekleidet, es geht
aber auch ohne. Gemischtes Publikum jeden Alters.
Vågsalmenning 16; Mi–Sa 18–2.30 Uhr

Den Stundesløse ■ d 4
Jeden Abend spielen mehr oder weni-
ger bekannte Jazzmusiker in dem
dunklen Keller am Ole Bulls plass.
Die Atmosphäre ist jazzig liberal.
Ole Bulls plass 9; tgl. 20–3 Uhr

Dyvekes Vinkjeller ■ d 3
Kleines, dunkles und richtig gemüt-
liches Weinlokal. Sehr behaglich,
wenn es draußen regnet und kalt ist.
Hollendergaten 17; tgl. 18–1 Uhr

Nye Carte Blanche Ⓜ Ⓜ ■ d 5
Das Tanztheater hat lange mit finan-
ziellen Problemen zu kämpfen ge-
habt. Eine Stadt wie Bergen ist fast
zu klein für ein so gutes modernes
Ballett. Selbst Ballettmuffel lassen
sich von Nye Carte Blanche über-
zeugen. Kartenreservierung empfohlen.
Sigurds gate 6; Tel. 55 30 86 80,
Fax 55 30 86 81

Vekterloftet ■ e 5
Kleine Kneipe mit intimer Atmosphäre, wo man hingehen kann, um sich
einen gemütlichen Abend zu zweit
zu machen.
Vestre Torggate 16–18; tgl. 18–3 Uhr

Zacchariasbryggen ■ d 3
Das Lokal auf dem Anleger im Hafen
wird von Stammgästen auch »Zak-
ken« genannt. Pianobar, Weinstube,
Fisch- und Pizzarestaurants befinden
sich in einem Gebäude direkt am
Fischmarkt.
Fischmarkt; tgl. 20–0.30 Uhr

Service

Auskunft überregional
Bergen bis Kristiansund; Fjord Norge A.S.;
Postfach 4108 Dreggen; N-5023 Bergen;
Tel. 55 30 26 40, Fax 55 30 26 50;
www.fjordnorway.no

*»Bryggen Tracteur-
sted«, das 300 Jahre
alte gemütliche
Wirtshaus, bietet als
Bergener Spezialität
»Skillingsboller«,
untertassengroße,
gewürzte Brötchen,
an. Die sättigen
bestimmt!*

Bergen-Karte

Wie in vielen großen Städten des Nordens gibt es auch in Bergen eine Karte, die Tür und Tor zu den Museen öffnet und freie Fahrt mit öffentlichen Verkehrsmitteln gewährt. Wo der Eintritt nicht frei ist, erhält man zumindest eine Ermäßigung. Die Bergen-Karte gilt 24 oder 48 Stunden und kostet 150 bzw. 230 nkr. Sie ist in der Touristeninformation sowie in den meisten Hotels erhältlich. Wer keine Museen besichtigen will, kauft sich dagegen eine verbilligte Dauerkarte für den Nahverkehr.

Bergen Touristinformation   ■ d 3

Vågsallmenning 1; 5014 Bergen; Tel. 55 32 14 80, Fax 55 32 14 64; www.bergen-travel.com

Hafen: Florø   ■ A 3, S. 112

Nordgehend: 2. Tag Sommer 2.15 Uhr, Winter 4.45 Uhr
Südgehend: 12. Tag 8.15 Uhr

Mit knapp 10 000 Einwohnern ist Florø die größte und einzige Stadt im Regierungsbezirk Sogn og Fjordane. In der Hafenstadt ist das Boot wichtiger als der Zweitwagen. Kein Wunder, denn es gibt Tausende von Schären und Inseln. Von Touristen ist die auf einer Halbinsel liegende Stadt weitgehend unentdeckt. Die Stadt lebt hauptsächlich von der Fischverarbei-

tungsindustrie und der ortsansässigen Werft. Sie ist in den letzten Jahren zunehmend zur Versorgungsbasis für die Bohrinseln in der Nordsee geworden.

Hafen: Måløy   ■ A 2, S. 112

Nordgehend: 2. Tag Sommer 4.30 Uhr, Winter 7.30 Uhr
Südgehend: 12. Tag 5.45 Uhr

Kurz bevor Måløy angelaufen wird, passiert das Schiff den engen Sund Skatestraumen, der eine starke Strömung hat. Schon von weitem ist Måløybrua, die Måløybrücke, zu sehen, kein Wunder bei einer Länge von 1224 m und einer Höhe von 42 m. Måløy ist das Zentrum der Fischindustrie im Regierungsbezirk Sogn og Fjordane.

Hafen: Torvik   ■ B 2, S. 112

Nordgehend: 2. Tag Sommer 7.30 Uhr, Winter 10.45 Uhr
Südgehend: 12. Tag 2.15 Uhr

Torvik ist eine Streusiedlung mit einem Kai für Hurtigruten. Von hier aus hat man den kürzesten Weg zur Vogelinsel Runde. Aufgrund der schwachen touristischen Infrastruktur ist es aber empfehlenswert, einen Schiffsausflug von Ålesund aus zu machen, wenn man sich für Vögel interessiert.

Ob Lachs oder Hummer, der Fischmarkt bietet alles meeresfrisch – oder eingeschweißt zum Mitnehmen.

Die Jugendstilstadt Ålesund

liegt auf dem Weg nach Trondheim – und auch der spektakulär schöne Geirangerfjord, der von April bis September nordgehend besucht wird.

Die Fahrt durch den nördlichen Teil des Fjordlands wird nur von wenigen Anlegemanövern unterbrochen. Städte wie Ålesund, Molde und Kristiansund stehen am zweiten Tag der Reise auf dem Fahrplan. In Ålesund, wo sich Kaiser Wilhelm II. gern aufhielt, stößt man auf ein für Norwegen seltenes geschlossenes Stadtbild mit Häusern im Jugendstil.

Zerrissen hingegen ist die Fjordlandschaft im Inland. Der Nordfjord mit seinen Armen trifft an einigen Stellen fast auf die Ausläufer des Storfjords. Sein berühmtester Arm ist der Geirangerfjord. **Ålesund** eignet sich als Zwischenstation für Leute, die die Küste nach Norden hinauf »hüpfen« wollen. Wer von Ålesund über Stranda und Åndalsnes bis Trondheim mit dem eigenen Wagen fährt, kommt über »Trollstigen«, die Straße, die für ihre Serpentinen bekannt ist.

Kristiansund liegt etwas abseits des Weges. Früher war die Stadt, die häufig durch ein N für Nord von Kristiansand S im Süden unterschieden wird, nur per Fähre erreichbar. Werften, Fischkutter und Freizeitboote prägen denn auch das Bild der Stadt auf den Schären, die im Krieg weitgehend zerstört wurde. Auf den Felsen wurden früher die Dorsche getrocknet und als Klippfisch exportiert. Heute verbinden mautpflichtige Brücken und Tunnel Kristiansund mit dem Festland.

Hafen: Ålesund ■ B 2, S. 112

36 500 Einwohner
Karte → S. 35
Nordgehend: 2. Tag Sommer
8.45 bis 9.30 und 18.45 Uhr,
Geiranger 2. Tag 13.30 Uhr,
Winter 12 bis 15 Uhr
Südgehend: 11. Tag 23.45
bis 0.45 Uhr

Ålesunds Stadtkern liegt auf drei Inseln, die mit Brücken untereinander und mit dem Festland verbunden sind. Sie heißen **Hessa**, **Aspøy** und **Aksla**. Das heutige Stadtbild entstand in den Grundzügen nach dem Stadtbrand von 1904, in dem mehr als 10 000 Menschen obdachlos wurden und über 1000 Häuser in der Innenstadt komplett niederbrannten. Kaiser Wilhelm II., der sich mit seiner Yacht »Hohenzollern« häufig im Fjordland aufhielt, sorgte für Hilfssendungen und finanzierte einen Teil des Wiederaufbaus. Nur drei Jahre wurden benötigt, um Ålesund in der norwegischen Variante des Jugendstil neu aufzubauen. Dass Ålesund heute mit seinen Jugendstilhäusern wirbt, wirkt angesichts des schlampigen Umgangs mit dem Erbe fragwürdig. Zu oft wurden Fassaden durch großflächige Schaufenster zerstört. Trotzdem ist die Innenstadt sehenswert, denn in Norwegen sind Jugendstilhäuser selten. Nur in Oslo und Bergen findet man sie noch vereinzelt.

Ålesund zählt zu den wichtigsten Fischereihäfen der Westküste. Mit rund 36 000 Einwohnern ist die Stadt vergleichsweise groß. Der Aufenthalt des Hurtigruten-Schiffes – nordgehend hat man im Winter immerhin drei Stunden Zeit – sollte für einen Stadtbummel genutzt werden.

Hotels/andere Unterkünfte

Comfort Hotel Bryggen M ■ b 2
Das Hotel befindet sich in einem ehemaligen **sjøhus,** einem Wohn- und Lagerhaus für ortsfremde Fischer. Das Haus wurde ansprechend umgebaut, wobei weitgehend der alte Stil nachempfunden wurde. Die Lage direkt am Brosund mit dem Blick auf Hafen und Innenstadt ist attraktiv. Für Erkundigungstouren durch die Stadt bietet sich daher die stilvolle Herberge als idealer Stützpunkt an.

© MERIAN-Kartographie

Ålesund

Apotekergata 1–3; Tel. 70 12 64 00,
Fax 70 12 11 80; 82 Zimmer
★★ AmEx DINERS EURO VISA

Quality Hotel Scandinavie ■ c 2

Hotel mit gut erhaltener Jugendstilfassade im Zentrum. Gilt als eines der besten Hotels der Stadt. Fußgängerzone um die Ecke, Anlegestelle der Fischerboote fast vor der Tür. Der Hurtigruten-Kai ist keine zehn Minuten zu Fuß entfernt.
Løvenvoldgata 8; Tel. 70 15 78 00,
Fax 70 15 78 01; 65 Zimmer
★★ AmEx DINERS EURO VISA

Scandic Hotel Ålesund ■ b 2

Die Hotelkette Scandic hat in Ålesund einen gläsernen Neubau an die westliche Seite des Hafens gesetzt. Das 1990 eröffnete Hotel liegt direkt am Wasser und verfügt über einen eigenen Anleger. Vom Hotel aus gibt es einen direkten Zugang zum benachbarten Ausstellungszentrum.
Moloveien 6; Tel. 21 61 45 00,
Fax 21 61 45 11; 118 Zimmer
★★★ AmEx DINERS EURO VISA

Spaziergang

Vom **Skansekaia**, wo Hurtigruten anlegt, geht man über das Hafengelände mit dem Lastverkehr zur **Tollbugata**, die zur Fußgängerzone **Kongens gate** führt. Damit ist man bereits im Zentrum, wo sich die meisten Jugendstilhäuser befinden. Bei der Lihaugsgata ist die erste Entscheidung fällig: Will man die Aussicht vom Hausberg Aksla genießen oder lieber die Stadt weiter aus der Froschperspektive betrachten? Zum **Aksla** hinauf führen 418 Stufen, die eine Höhe von 189 m überwinden. Der Blick lohnt den Aufstieg. Mit dem Restaurant **Fjellstua** (→ S. 37) haben auch Kaffeedurstige ein Ziel vor Augen. Wer auf Meeresspiegelniveau durch Ålesund läuft, kann von der **Skansegata** bis zur

8

Brücke über den Brosund immer am Wasser entlang laufen. Vom **Apotekertorget** hat man einen schönen Blick auf die meist zahlreichen Fischkutter. Auf dem kleinen Platz hinter der Brücke hat man den Fischerfrauen, die für den Verkauf sorgten, ein Denkmal gesetzt, natürlich mit Blick auf die Boote. Um zur Hafenmole zu gelangen, muss man nur der Apotekergata und dem **Moloveien** folgen. Dabei kommt man an Geschäften für den Fischereibedarf und am Ålesunder Ausstellungszentrum vorbei. Im Haus Apotekergata 16 befindet sich **Svaneapoteket**, deren Interieur noch aus der Zeit des großen Stadtbrandes stammt. Wer auf dem Rückweg noch genug Puste hat, kann einen Abstecher durch die **Øwregata** zur Kirche von Ålesund machen. In diesem Viertel, insbesondere in der **Kirkegata**, überstand eine Reihe von Holzhäusern den Brand 1904, doch wurden viele Häuser mit Eternit oder anderem Material verblendet. Geht man die Kirkegata Richtung Osten hinab, gelangt man zurück zum **Brosundet**. Bis zur Anlegestelle der Hurtigruten hat man nun noch etwa zehn Minuten zu gehen.

Museen

Sunnmøre Museum og Borgundkaupangen östlich ■ d 3

Hinter diesem Namen verstecken sich vier verschiedene volkskundliche Museen in einem weitläufigem Park: das Gelände des Freilichtmuseums mit über 50 historischen Häusern, die Bootsausstellung in drei großen Bootshallen mit den Themen Küstenkultur und Seefahrt (hier finden sich auch Nachbauten von Wikingerschiffen), das lehrreiche Mittelaltermuseum mit den Funden archäologischer Ausgrabungen sowie Borgundkaupangen, das von der Winkingerzeit bis ca. 1500 eines der größten Handelszentren in der Ge-

gend war. Das 120 ha große Museumsland liegt außerhalb von Ålesund bei **Gåseid** nahe der E 69.
Borgundgavlen; Tel. 70 17 40 00;
1. März–3. Juni Mo, Di, Fr 11–15 und So 12–16 Uhr, 4.–23. Juni Mo–Sa 11–16 und So 12–16 Uhr, 24. Juni–31. Aug. Mo–Sa 11–17 und So 12–17 Uhr, Okt.–Dez. wie März; Eintritt Erw. 55 nkr, Kinder 15 nkr, gilt für alle Museen

Ålesund Museum ■ c 2

Das Museum zeigt Ausstellungen zum Thema Jugendstilarchitektur, Handwerk, Fischfang und Seefahrt. Im Museum gibt es einen komplett eingerichteten alten Kaufmannsladen. Originell ist das eiförmige Boot, mit dem **Kapitän Brude** 1904 den Atlantik überquerte. Das rundum geschlossene Boot ist ein Kuriosum der Seefahrtsgeschichte. Es ging nie in die Serienproduktion.
Rasmus Rønnebergs gate 16;
Tel. 70 12 31 70; tgl. 12–15 Uhr, 15. Nov.–15. Febr. Sa, So geschl.;
Eintritt Erw. 30 nkr, Kinder 10 nkr

Essen und Trinken

Café Hoffmann ■ c 2

Im Café werden nicht nur Kaffee und Kuchen serviert, sondern auch kleinere Gerichte. Das modern eingerichtete Haus hat den Eingang von der Fußgängerzone aus, der Blick geht aber über den Hafen.
Kongens gate 11; Tel. 70 12 37 97;
Mo–Sa 8.30–18, So 12–18 Uhr
★★ EURO

Fjellstua ■ d 1

418 Stufen über der Stadt befindet sich das Restaurant und Café Fjellstua. Der Panoramablick auf die Stadt und die Sunnmørsalpen ist bei schönem Wetter beeindruckend, zu essen gibt es auch.
Aksla; Tel. 70 10 74 00; tgl. in den Sommermonaten 10–22 Uhr
★★ DINERS EURO VISA

Gullix ■ d 2

Das gemütliche Lokal gehört der »Chaîne des Rôtisseurs« an. Das Restaurant ist im spanischen Stil eingerichtet mit einem kleinen Wasserfall. Das üppige Dekor aus künstlichen und echten Grünpflanzen sowie alten Musikinstrumenten u.v.a. scheint vor allem Yuppies anzuziehen. Spanische Gerichte und Fischgerichte überwiegen auf der Karte. Besonders lecker ist das hausgemachte Eis.
Rådstugata 5 B; Tel. 70 12 05 48;
Mo–Fr 12–23, Sa 12–23.30, So 14–23 Uhr
★★★ AmEx DINERS EURO VISA

Molja Restaurant ■ b 2

Vom Restaurant des Scandic Hotels blickt man auf Ålesunds Hafen. Dass Fisch zu den Spezialitäten des Hauses gehört, verwundert kaum. Steaks vom Steingrill gibt es aber auch.
Moloveien 6; Tel. 70 12 45 00; Mo–Do 11–23, Fr und Sa 11–2, So 13–22 Uhr
★★★ AmEx DINERS EURO VISA

Sjøbua Fiskerestaurant ■ b 2

Ohne den anderen Restaurants zu nahe zu treten: Fisch sollte man hier essen. Das Sjøbua wird zu den zehn besten Fischrestaurants Norwegens gerechnet. Das Aquarium im Restaurant ist nur eine von vielen Ideen, um hier eine Fischeratmosphäre zu schaffen. Das Sjøbua befindet sich in einem ehemaligen Speichergebäude direkt am Wasser. Im Haus befindet sich der Pub **Fløttmann's**, eine nette Adresse für den Abend.
Brunholmgata 1; Tel. 70 12 71 00;
Mo–Sa 14–23 Uhr ★★★
AmEx DINERS EURO VISA

Einkaufen

Husfliden ■ c 2

Auch Ålesund hat seine Filiale von Husfliden, dem Zusammenschluss der organisierten Kunsthandwerker

Norwegens. Das Angebot kann regional unterschiedlich sein, ist aber immer von guter Qualität. Parkgata 1; Tel. 70 12 16 68

Service

Ålesund Turistkontor　■ b 3
Keiser Wilhelms gate 11; N-6003 Ålesund; Tel. 70 15 76 00, Fax 70 15 76 01; www.alesundinfo.no

Hurtigruten- Landausflug

Nordgehend: Von **Geiranger** aus starten im Sommer zwei Landausflüge: Im April und Mai wird eine Bustour von Geiranger aus zurück nach Ålesund angeboten, die über die Panoramastraße Ørneveien (Adlerstraße) führt. Sobald die Pass-Strecke über den Trollstigen schneefrei ist, wird ab Juni die Tour nicht nach Ålesund, sondern nach Molde geführt. Bei guter Sicht zählt dieser Ausflug wegen der Aussicht zu den schönsten!

Ziel in der Umgebung

Vogelinsel Runde
　　　　　　　　■ B 2, S. 112

Wer ornithologisch interessiert ist, sollte die südlichste der norwegischen Vogelinseln nicht verpassen. Von Ålesund aus werden dorthin Tagesausflüge angeboten. Alternativ dazu kann man auch in **Torvik** aussteigen. Die Bootstour von Ålesund aus dauert zwei bis drei Stunden. Mit dem eigenen Wagen ist Runde seit 1982 über eine Brücke zu erreichen. Der größte Teil der Insel steht unter Naturschutz. Mit rund 170 000 Seevögelpaaren ist Runde die drittgrößte Vogelinsel Norwegens. Dreizehenmöwen, Papageientaucher, Krähenscharben, Basstölpel und Alke kom-

men unter anderem vor. Nahezu alle Seevogelarten, die es in Europa gibt, kann man auf dem Vogelberg bei Ålesund finden. Von hier aus wurden einige seltene Arten an der norwegischen Küste wieder heimisch, darunter die Sturmschwalbe und die große Raubmöwe. Geführte Wanderungen werden von Mitte Juni bis Ende August angeboten.

Hotels/andere Unterkünfte

Runde Camping og Vandrerhjem
Um die Jugendherberge auf der Insel zu benutzen, muss man weder jung noch Mitglied des Deutschen Jugendherbergswerkes sein. Mit DJH-Mitgliedsausweis ist die Übernachtung in den 23 Zimmern allerdings günstiger. Elf Doppel- und neun Vierbettzimmer sowie ein Einzel- und zwei Dreibettzimmer stehen zur Verfügung. Angeschlossen ist ein Campingplatz mit Platz für 20 Zelte und 15 Wohnwagen. 300 m entfernt liegt ein kleines Café.
Auf Runde beim Hafen; Tel. 70 08 59 16; Fax 70 08 58 70; 23 Zimmer ★★

Hafen: Molde　■ C 1, S. 112

22 600 Einwohner
Nordgehend: 2. Tag Sommer 22 Uhr, Winter 18.30 Uhr
Südgehend: 11. Tag 21.30 Uhr

Viele Norweger setzen die Stadt Molde mit Jazz gleich. Jedes Jahr findet Ende Juli ein einwöchiges internationales Jazzfestival statt, das der Stadt weit mehr Renommee verschafft hat als das selbst verliehene Attribut »Rosenstadt«. Die Stadt am Ausgang des weiten Romsdalsfjords liegt auf der dem Meer abgewandten Seite. Vom Aussichtspunkt auf dem Berg Varden im Rücken der Stadt 407 m aufragt, hat man einen beeindruckenden Blick über den Fjord und die Stadt. Ob man wirklich 87 Gipfel sieht, wie es der Prospekt ver-

Oben: Die Vogelinsel Runde beherbergt alle Seevogelarten Europas, darunter auch den Papageientaucher.

Mitte: Auf der Fahrt zwischen Nesna und Ørnes ist man überwältigt von dem imposanten Eindruck, den die Landschaft hinterlässt (→ S. 50).

Unten: Blick vom fast 200 Meter hohen Hausberg Aksla auf die Jugendstilstadt Ålesund. Nach dem Großbrand von 1905, dem fast alle Holzhäuser zum Opfer fielen, wurde die Stadt neu aufgebaut (→ S. 34).

spricht, mag jeder selbst nachzählen. Schneebedeckt sind die Berge besonders imposant.

Museen

Fiskerimuseet auf Hjertøya

Das Fischereimuseum liegt auf der Insel Hjertøya, die direkt vor Molde im Fjord liegt. Die Sammlung zur Küstenkultur beinhaltet eine Werkstatt sowie diverse Schiffe und Boote. Das Museum ist nur per Taxiboot erreichbar, das stündlich vom »Taxikaien« im Zentrum Moldes abgeht. 10 Min. Bootsfahrt.

Tel. 71 20 24 60; 16. Juni–19. Aug. tgl. 12–17 Uhr; Eintritt Erw. 25 nkr, Kinder 10 nkr, Boot hin und zurück Erw. 50 nkr, Kinder 25 nkr

Service

Reiselivsforeningen i Molde

Storgate 31; N-6400 Molde;
Tel. 71 25 71 33, Fax 71 25 49 18;
www.visitmolde.com

Hafen: Kristiansund

■ C 1, S. 112

17 000 Einwohner
Nordgehend: Sommer 3. Tag 1.45 Uhr,
Winter 2. Tag 23 Uhr,
Südgehend: 11. Tag 17 Uhr

Die Stadt liegt auf drei Inseln, die durch Brücken miteinander verbunden sind. Doch die »Straßenbahn« der Stadt sind **Sundboote,** die die Passagiere auf kürzestem Weg von einer Insel zur nächsten bringen. Von der Gründung der Stadt 1742 bis vor wenigen Jahren war die Fischerei der Haupterwerbszweig in Kristiansund. Heute leben die Einwohner jedoch in erster Linie vom Schiffsbau und der Offshore-Technik. Erst 1992 bekam die Stadt durch eine Brücke eine Verbindung zum Festland. **Krifast,** wie das Projekt abgekürzt hieß, ist ein Teil des ambitiösen Projekts, das eine fast fährenfreie Autostraße entlang der Küste von Stavanger bis Trondheim schaffen soll. Teile der Küstenhauptstraße, des **kyststamvegen,** sind bereits verwirklicht, viele kleine Fjordfähren wurden schon außer Dienst gestellt. Nicht überall ist man mit den neuen Streckenführungen einverstanden, schließlich haben sich Ortschaften oft gerade dort gebildet, wo ein Fähranleger ist. Veränderte Verkehrsströme lassen jetzt manchen alten Knotenpunkt ins Abseits rutschen. Auch der Fracht- und Passagierverkehr auf Hurtigruten leidet unter der autofreundlichen Politik. Bei der Einweihung 1992 hagelte es Superlative: Der **Freifjordtunnel** war mit 5,2 km Norwegens längster Unterwassertunnel, die **Gjemnessund-Brücke** Norwegens längste Hängebrücke, und die **Bergsøysund-Brücke** ist die erste Pontonbrücke der Welt ohne Seitenverankerung. Die örtlichen Politiker versprechen sich von der durchgehenden Straßenverbindung von Molde nach Kristiansund ein Zusammenwachsen der beiden Städte zu einem Wirtschaftsraum mit immerhin rund 100 000 Einwohnern.

Hotels/andere Unterkünfte

Håholmen Havstuer

Ein besonderes Erlebnis ist eine Übernachtung bei den norwegischen Weltenbummlern Kari und Ragnar Torseth. Mit ihrem Wikingerschiffnachbau »Saga Siglar« fuhren sie rund um die Welt. Ein kleines Museum auf Håholmen informiert über die Reise der Torseths. Man wohnt in Holzhäusern auf einer kleinen Insel im offenen Meer, rund eine Stunde von Kristiansund entfernt. Gäste werden meistens mit dem Wikingerschiff abgeholt (Erw. 50 nkr, Kinder 25 nkr)! Postboks 9; 6533 Kårvåg; Tel. 71 51 72 50; 1. Juli–6. Aug.; 40 Zimmer
★★ DINERS EURO VISA

Quality Grand Hotel
Das Zuviel an Kalorien aus dem hauseigenen Restaurant **Consulen** kann man im Fitnessraum des Grand Hotels wieder abarbeiten. Zentrale Lage.
Bernstorffstredet 1; Tel. 71 57 13 00, Fax 71 57 13 01; 114 Zimmer
★★ AmEx DINERS EURO VISA

Rica Hotel Kristiansund
Der silberne, moderne Hotelbau liegt am Ende der Storgata in der Nähe des Hafens mit Blick über das Wasser. Grillrestaurant, Pub und ein Nachtklub – das bedeutet in Norwegen nichts anderes als Diskothek – befinden sich im Haus.
Storgata 41; Tel. 71 67 64 11, Fax 71 67 79 12; 102 Zimmer ★★ AmEx DINERS EURO VISA

Sehenswertes

Insel Grip ■ C 1, S. 112
Die Inselgruppe, 14 km nordwestlich von Kristiansund gelegen, besteht aus ca. 80 Inseln, von denen nur eine bewohnt ist. Grip Kirke ist eine Stabkirche aus dem 15. Jh. Sie ist sehr einfach und klein, aber dennoch sehenswert. Manche Kristiansunder lassen sich hier in romantischer Umgebung trauen. Bootstouren vom Sundboot-Anleger im Zentrum, Vågeveien/Kaibakken.
Tel. 71 67 72 11; Preis hin und zurück Erw. 114 nkr, Kinder 58 nkr

Klippfiskkjerringa
Die »Klippfischmadam« ist eine Statue zu Ehren der Fischerfrauen in Kristiansund. Sie steht unten am Hafen am Vågeveien nahe dem Anleger der Sundboote.

Kringsjå Vannsammlingsanlegg
Als Kristiansund um 1800 sehr schnell wuchs, bekam die Stadt Schwierigkeiten mit der Wasserversorgung. Ein Wassersammelsystem mit Rinnen und Rückhaltebecken wurde auf dem Vardeberg gebaut.

1908 wurde die veraltete Wassersammelanlage aus dem Betrieb genommen. Sie dient heute als Freizeitpark für Einheimische und Touristen. Vom Turm Vardetårnet schöner Ausblick über die Stadt.
Turm 25. Juni–13. Aug. Di–So 12–14 Uhr; Eintritt frei

Museen

Mellemværftet
Komplett eingerichtete Museumswerft von 1867 an der Bucht Vågen, auf der historische Schiffe gewartet werden. Führungen durch die Werft werden auf Anfrage organisiert. Es gibt keine geregelten Öffnungszeiten, da im Sommer »immer jemand da« ist. Und wenn nicht, soll man anrufen, um einen Besuch zu vereinbaren.
Kranaveien 22–24; Tel. 71 67 71 95; Mo–Fr 8–15 Uhr, Sa–So wenn jemand da ist

Milnbrygga
Das sehenswerte Museum widmet sich dem Klippfisch. Im Gegensatz zum Stockfisch, der an Gestellen trocknet, wurde dieser Fisch durch Lagerung und Trocknung auf den Klippen konserviert. Das riesige Lagerhaus stammt aus dem Jahre 1749 und gehört zum regionalen Nordmøre Museum. Im Sommer bestehen Bootsverbindung vom Zentrum aus.
16. Juni–18. Aug. Mo–Sa 12–17, So 13–16 Uhr; Eintritt Erw. 25 nkr, Kinder 10 nkr

Nordmøre Museum
Im Hauptgebäude des Regionalmuseums für den nördlichen Teil der Landschaft Møre gibt es eine interessante archäologische Sammlung mit Funden aus der Steinzeit. Die so genannte Fosnakultur wird auf die Jahre um 7000 v. Chr. datiert. Außerdem Ausstellungen zum Thema Klippfisch. Auf dem Freigelände befinden sich einige sehenswerte alte Gebäude.
Dalaveien; Di–Fr 10–14, So 12–15 Uhr; Eintritt Erw. 20 nkr, Kinder 10 nkr

Essen und Trinken

Christian Bar
Pub mit einfachen Gerichten für Zwischendurch oder wenn es mal nicht das große Essen sein soll.
Storgata 17; Tel. 71 67 32 11; Mo–Sa 17–24 Uhr ★★ AmEx DINERS EURO VISA

Smia Fiskerestaurant
Ein Restaurant, das sich auf regionales Essen spezialisiert hat. Das Gebäude wurde von 1787 bis 1987 von der Schiffswerft als Schmiede benutzt. Es wurde komplett restauriert, ohne dass die Geschichte des Hauses verlorenging. Die Speisekarte enthält traditionelle regionale Küche. Reservierung empfohlen.
Fosnagata 30 b; Tel. 71 67 11 04; Mai–Aug. 12–24 Uhr ★★ AmEx DINERS EURO VISA

Service

Kristiansund Turistinformasjon
Vågev 5; N-6500 Kristiansund;
Tel. 71 58 54 54, Fax 71 58 54 55;
www.visitkristiansund.com

Hurtigruten-Landausflug

Südgehend: Von April bis August wird eine Bustour über den **Atlanterhavsvegen**, die Atlantikstraße, von Kristiansund nach Molde angeboten. Die Tour mit den weiten Ausblicken übers Meer und den Romsdalsfjord kann nur an Bord gebucht werden.

Hafen: Trondheim

142 000 Einwohner ■ E 1, S. 113
Karte → S. 43
Nordgehend: 3. Tag Sommer
8.15 bis 12 Uhr, Winter 6 bis 12 Uhr
Südgehend: 11. Tag 6.30 bis 10 Uhr

Im Jahre 1997 feierte Trondheim tausendjährigen Geburtstag. Ob die Gründung wirklich im Jahre 997 geschah, ist schwierig nachzuweisen. Dass der Wikingerkönig Olav Tryggvason hier Ende des 10. Jh. unter dem Namen **Nidaros** die erste Hauptstadt Norwegens gründete, weiß man nur aus altnordischen Sagas. Archäologische Funde belegen, dass sich hier zum Ausgang der Wikingerzeit ein wichtiges Handelszentrum befand. 1030 starb sein Nachfolger, König Olav Haraldsson, in der Schlacht bei **Stiklestad**. Die Schlacht und der Tod des Königs sind Thema des alljährlich stattfindenden Freilichttheaters in Stiklestad (→ S. 101). Der König von Westnorwegen und Trøndelag wurde aufgrund seines Einsatzes für die Verbreitung des Christentums Olav der Heilige genannt. Zu seinem Grab fanden schon früh Pilgerfahrten statt. Im Jahre 1070 fingen die Arbeiten an der Nidaros-Domkirche an, in der die Reliquien des Heiligen Olav aufbewahrt wurden. Seit dem Mittelalter werden die norwegischen Könige im Nidarosdom gekrönt. Auch König Harald V. und Königin Sonja wurden hier 1991 geweiht. Auf die Krönungszeremonie verzichtet das Königshaus seit 1906.

Heute ist Trondheim mit 142 000 Einwohnern die drittgrößte Stadt Norwegens. Die Universität sorgt dafür, dass eine nette Kneipenszene in der Stadt am Fluss Nidelva ganzjährig existieren kann. Trondheim ist die letzte große Stadt, bevor die Hurtigruten-Schiffe Tromsø am fünften Tag erreichen. Bis Bodø folgt norwegisches Niemandsland. Damit soll den kleinen Ortschaften an der Küste nichts Böses nachgesagt werden, aber hier ist – mit Verlaub – der nasse Hund begraben. Landschaftlich ist es durchaus schön in Nord-Trøndelag und dem südlichen Teil von Nordland, doch selbst eingefleischte Norwegen-Urlauber scheint dies nicht zu beeindrucken. Die Fjorde weiter im Süden sind einfach imposanter und besser zu erreichen. Und wer richtig nach Norden will, fährt weiter, um die

Lofoten, die Finnmark oder das Nordkap zu besuchen. Und so ist denn auch die touristische Infrastruktur zwischen Trondheim und Bodø auf den durchreisenden Gast ausgelegt. Als Gast auf Hurtigruten kann man sich zufrieden zurücklehnen in der Gewissheit, das richtige Verkehrsmittel gewählt zu haben: Man sieht alles Schöne in Ruhe von Deck aus und muss sich nicht selbst über die Europastraße quälen.

Hotels/andere Unterkünfte

Britannia Hotel ■ c 2
»Very British« gibt sich Trondheims ältestes Hotel. Hinter der Fassade

von 1897 steckt ein Hotel der gehobenen Klasse. Wer dunkelrote Ledersessel mag, sitzt hier richtig. Teeliebhaber treffen sich stilecht um fünf Uhr im Speisesaal zur traditionellen Tea-Time.
Dronningens gate 5; Tel. 73 80 08 00, Fax 73 80 08 01; 176 Zimmer
★ ★ ★ AmEx DINERS EURO VISA)

Fru Schøller ■ bc 2
Die Geheimrätin Cecilie Christine Schøller ließ den gegenüberliegenden Stiftsgården erbauen. Doch nicht nur die Lage verpflichtet, auch die Gastfreundschaft der alten Dame. Ob Frau Schøller, die im 18. Jh. lebte, standardmäßigen PC- und Modem-Anschluss im Hotelzimmer gutgeheißen hätte?
Dronningens gate 26; Tel. 73 87 08 00, Fax 73 50 51 00; 25 Zimmer
★ ★ AmEx DINERS EURO VISA

Grand Olav Hotel M M ■ c 1
In einem gläsernen Einkaufszentrum liegt das Luxushotel sozusagen im Hinterhof. Angeschlossen sind diverse Läden, zwei Konzertsäle und ein Parkhaus.
Kjøpmannsgaten 48; Tel. 73 80 80 80, Fax 73 80 80 81; 106 Zimmer
★ ★ ★ AmEx DINERS EURO VISA

Munken Hotell ■ b 2
Kleines Garni-Hotel im Zentrum, das schlichte und preiswerte Zimmer anbietet, die meisten davon mit einer kleinen Kochnische für Selbstversorger.
Kongens gate 44; Tel. 73 53 45 40, Fax 73 53 42 60; 19 Zimmer
★ AmEx DINERS EURO VISA

Pensjonat Jarlen ■ b 2
Die Pension liegt zentral, so dass alle Sehenswürdigkeiten zu Fuß erreicht werden können. Auch 4- und 6-Bett-Zimmer.
Kongens gate 40; Tel. 73 51 32 18, Fax 73 52 80 80; 27 Zimmer ★

Radisson SAS Royal Garden Hotel
■ c 1
Glas und Beton sind die bestimmenden Materialien, aus denen das moderne Hotel am Ufer des Nidelva entstand. Trotzdem wurden die traditionellen Formen der Lagerhäuser wieder aufgenommen, so dass sich das Gebäude in die Uferfront einfügt. Der lichte Charakter macht das Wohnen in Trondheims größtem Hotel sehr angenehm.
Kjøpmannsgaten 73; Tel. 73 80 30 00, Fax 73 80 30 50; 297 Zimmer
★ ★ ★ AmEx DINERS EURO VISA

Spaziergang

Von der **Anlegestelle** der Postdampfer aus muss man zunächst ein Stück durch ein wenig attraktives Hafengebiet gehen, bevor man jenseits der Bahnschienen über die **Havnegata** zur **Innenstadt** gelangt. Linker Hand liegt gleich das **Seefahrtsmuseum**, rechter Hand folgt die **Olavshalle** mit einem überdachten Einkaufsviertel. Fast gegenüber liegt die Brücke **Bakke bru**, die über den Nidelva führt. Durch die Straße **Nedre Bakklandet** mit ihren alten Holzhäusern gelangt man zur **Bybrua**, der hölzernen Klappbrücke von 1861. Von hier aus hat man einen schönen Blick auf die Speicherhäuser am Ufer des Nidelva. Den **Nidarosdom** kann man nun schon sehen. Einen Rundgang durch den Dom sollte man nicht versäumen.

Durch die Mönchsstraße, die **Munkegata**, geht es hinab zur **Kongens gate,** wo man nach rechts zur **Vår Frue Kirke**, zur Liebfrauenkirche, von Trondheim gelangt. Die Fußgängerzone **Nordre gate** führt wieder hinab in Richtung Bahnhof und Hafen, von wo aus es nicht mehr weit zum Schiffsanleger ist. Einige Sehenswürdigkeiten liegen außerhalb des Stadtkerns, sind aber mit öffentlichen Bussen schnell erreichbar.

Oben: Wer den Köstlichkeiten des Bordbuffets nur schwer widerstehen kann, hat im Fitnessraum der »MS Finnmark« gute Chancen, überflüssige Pfunde wieder los zu werden.

Mitte: Ausschnitt aus dem Figurenprogramm am Hauptportal des Nidarosdoms in Trondheim, mit dessen Bau bereits im 12. Jahrhundert begonnen wurde (→ S. 46).

Unten: Die alten Fassaden der Speicherhäuser am Ufer des Nidelva in Trondheim verbergen oft Ateliers oder Büros.

Sehenswertes

Festung Kristiansten ▪ d 2–3

Die 1675 bis 1684 entstandene Festung schützte Trondheim bis 1816. Seitdem wird sie nur noch für Erholungszwecke genutzt. Durch die erhabene Lage guter Rundblick über Trondheim.

Tel. 73 99 58 30; Juni–Aug. Mo–Fr 10–15, Sa und So 11–16 Uhr; Eintritt Erw. 15 nkr, Kinder 10 nkr

Munkholmen nördlich ▪ b 1

Den Namen »Mönchsinsel« trägt die kleine Insel im Trondheimfjord, weil auf ihr um 1000 ein Benediktinerkloster entstand. Es folgte eine Festung, die später als Gefängnis genutzt wurde. Heute dient die Insel als Ausflugsziel und Badeplatz. Fähren fahren jede volle Stunde.

Fähre Tel. 73 52 87 15; Mai–Sept. 10–18 Uhr; Fähre Erw. 45 nkr, Kinder 25 nkr; Festung Erw. 28 nkr, Kinder 16 nkr

Nidarosdom ▪ c 2–3

Die Krönungskirche des norwegischen Königshauses ist eines der größten mittelalterlichen Bauwerke Norwegens. Zwar wurde mit den Arbeiten an der Kirche schon um 1070 begonnen, doch stammen die ältesten erhaltenen Teile aus dem 12. Jh. Zahlreiche Brände führten im Laufe der Jahrhunderte zu erheblichen Zerstörungen. Nach Jahrhunderten des Verfalls wurde der Dom ab 1869 komplett restauriert. Die Nationalromantik und das starke Nationalbewusstsein der Norweger nach der »Befreiung« von der dänischen Herrschaft 1814 trugen wesentlich dazu bei, den Nidarosdom als nationales Denkmal wiederzuentdecken. Dass dabei in Restaurierungsfragen die Nähe zum historischen Vorbild nicht sehr ernst genommen wurde, ist durch den Zeitgeist bedingt.

Dass in Trondheim wieder Könige gekrönt wurden, entsprang dem Bedürfnis nach nationaler Identität. Die Krönungsinsignien, 1818 im Auftrag König Carl XIV. Johan in Stockholm hergestellt, werden seit 1988 in der Westfront-Kapelle des Nidarosdoms aufbewahrt. Seit 1906 wurde jedoch kein norwegischer König mehr gekrönt, der letzte war König Haakon VII. Stattdessen werden die Könige gesegnet. Diese Zeremonie fand zuletzt 1991 bei der Inthronisierung von König Harald V. statt. Sehenswert ist die reich verzierte Westfront, auch ein Besuch des Turmes ist anzuraten. In direkter Nachbarschaft liegt der Sitz des Erzbischofs, für den die Eintrittskarte zum Dom ebenfalls gilt, wer Zeit hat, sollte diese Sehenswürdigkeit besichtigen.

Bispegate 5; Tel. 73 89 08 00; 1. Mai–19. Juni Mo–Fr 9–15, Sa 9–14, So 13–16 Uhr; 20. Juni– 20. Aug. Mo–Fr 9–18, Sa 9–14 Uhr, 21. Aug.–14. Sept. Mo–Fr 9–15 Uhr, 15. Sept.–30. April Mo–Fr 12–14.30, Sa 11.30–14, So 13–15 Uhr; Eintritt Erw. 35 nkr, Kinder 20 nkr

Museen

Ringve Museum nordöstlich ▪ d 1

Das Musikhistorische Museum liegt auf dem Gutshof Ringve rund 2 km vom Zentrum entfernt. Es beherbergt alte Musikinstrumente aus aller Welt. Ein Besuch ist nur in geführten Gruppen möglich, es werden auch mindestens einmal täglich Führungen in Deutsch angeboten, meist zur Mittagszeit. Die Guides führen einzelne Instrumente vor.

Lade allé 60, Buslinie 4 nach Lade und Fagerheim; Tel. 73 92 24 11; 2. Jan.–16. Dez. Mo–Sa 9–16, So 11–16 Uhr; Eintritt Erw. 70 nkr, Kinder 25 nkr

Sjøfartsmuseum ▪ c 1

Das Seefahrtsmuseum liegt am unteren Flusshafen im ehemaligen Zuchthaus von 1725. Es berichtet von der Zeit, als das Schiff das einzige Verkehrsmittel an der Küste war.

Fjordgaten 6 a; Tel. 73 89 01 00;
1. Juni–31. Aug. tgl. 10–16 Uhr;
Eintritt Erw. 25 nkr, Kinder 15 nkr

Trøndelag Folkemuseum
westlich ■ a 2
Jenseits der Flussschleife des Nidelva
liegt auf den Ruinen der Burg Sverresborg das Freilichtmuseum der
Region Trøndelag. Auf dem Gelände
befindet sich nicht nur die nördlichste
Stabkirche Norwegens, sondern auch
ein Skimuseum, eine Zahnarztpraxis
und diverse Werkstätten von Handwerkern, die täglich zwischen 12 und
16 Uhr auch genutzt werden. So erhält man Einblick in Sitten, Gebräu-
che und Berufe der guten alten
Zeit.
Sverresborg allé, Buslinie 8 und 9 ab
Dronningensgate bis Wullumsgården;
Tel. 73 89 01 00; 1. Juni–31. Aug. tgl.
11–18 Uhr; Eintritt Erw. 50 nkr,
Kinder 25 nkr

Essen und Trinken

Dickens ■ c 1–2
In einem denkmalgeschützten Speicher von 1740 hockt man auf rus-
tikalen Holzbänken und isst Lunch
oder middag. Grillgerichte und
»internationale Küche« finden sich
auf der Karte. Mit Letzterem meint
man hier Pizza. Abends wird das
Dickens zum Pub.
Kjøpmannsgaten 57; Tel. 73 51 57 50;
Mo–Fr 11–24, Sa 12–1, So 14–0.30 Uhr
★★ AmEx DINERS EURO VISA

Havfruen Restaurant ■ c 2
Das stilvolle Fischrestaurant befin-
det sich in einem Speicher aus dem
18. Jh. am Nidelva. Die Einrichtung
stammt teilweise noch aus dem
Lagerhaus früherer Zeiten.
Kjøpmannsgaten 7; Tel. 73 87 40 70;
Mo–Fr 16–24, Sa 18–24 Uhr
★★★ AmEx DINERS EURO VISA

Odin Restaurant ■ c 1
Rund um die Uhr wird dem Gott Odin
die norwegische Küche aufs Buffet
gelegt. Hier kann man für norwegische Verhältnisse günstig essen, und
volles Schankrecht hat er sieghafte
Kämpfer und Gott der Schlachten
auch.
Thomas Angells gate 12; Tel. 73 51 21 33;
tgl. 7–1 Uhr ★★ AmEx DINERS EURO VISA

Palmehaven Restaurant ■ b 2
Die Oase in der Wüste will das Restaurant Palmengarten sein, das sich
im Hotel Britannia befindet. Und so
speist man gediegen unter echten
Palmen im Atrium. Und irgendwie
passt das abendliche Buffet mit
Spezialitäten aus Trøndelag doch
zum »maurischen Stil« der Einrichtung.
Dronningens gate 5; Tel. 73 80 08 00;
Mo–Sa 7–23, So 7–11 Uhr
★★ AmEx DINERS EURO VISA

Restauranthuset Monte Christo
■ b 1–2
Es ist eine typisch norwegische Mischung: zuerst Restaurant, danach
spielt die Band auf, und zuletzt wird
es Diskothek. Die norwegische
Schankgesetzgebung fördert solche
Zwitter aus Gaststätte, Bar und Diskothek, denn ein Tanzlokal hat es
weitaus schwerer, das volle Schankrecht zu bekommen, als ein Restaurant. Im Monte Christo verkehrt auf
den zwei Tanzflächen eher jüngeres
Publikum. In diesem Vergnügungs-
tempel wird für jeden Besucher
etwas geboten.
Prinsens gate 38–40; Tel. 73 52 18 80;
Di–Sa 19–1 Uhr, Tanz bis 2 Uhr
★★ AmEx DINERS EURO VISA

Service

Trondheim Aktivum ■ c 2
Torvet; Postboks 2102; N-7411 Trondheim;
Tel. 73 80 76 64, Fax 73 80 76 70;
www.visit-trondheim.com

Hurtigruten-Landausflug

In Trondheim werden zwei Landausflüge angeboten: nordgehend von
Mai bis September zum Musikhistori-
schen Museum Ringve (→ S. 46) und
südgehend ganzjährig eine Stadt-
rundfahrt per Bus, auf der auch der
Nidaros-Dom (→ S. 46) besucht wird.

Hafen: Rørvik   ■ C 7, S. 114

Nordgehend: 3. Tag 21.15 Uhr
Südgehend: 10. Tag 21.30 Uhr

Langsam wird es nördlich. Die Besie-
delung wird dünner, die Ortschaften
kleiner, Rørvik besteht aus einem
kleinen Hafen, ein paar Häusern,
Schule, Tankstelle, Kirche und un-
zähligen kleinen Inseln vor der Tür.
Hier lebt man noch vom Fischfang.
Schön ist die Fahrt durch den schmalen Nærøysund im Abendlicht. Wer
hier aussteigt, um auf den drei Vikna-
Inseln Urlaub zu machen, bekommt
garantiert Kontakt zu Einheimischen.

Museen

**Kystmuseet i Trøndelag,
Woxengs Samlinger**
Zum Küstenmuseum gehören verschiedene Gebäude und unterschied-
liche Abteilungen, die über Nord-Trøndelag und die drei Vikna-Inseln ver-
streut liegen. In Rørvik selbst liegt die
alten Handelsniederlassung Berggår-
den, ein Kaufladen aus dem 19. Jh. Etwas außerhalb werden auf der Werft
Munkholmen alte Schiffe restauriert.
Das Fischerdorf Sør-Gjæslingen steht
ebenfalls unter dem Schutz des Kystmuseet. In den Fischerhütten des
Museums kann man übernachten.
Museumsgate 3; Tel. 74 39 04 41;
Juni, Aug., Sept. Mo–Fr 10–15, Sa 10–
14 Uhr, Juli Mo–Fr 10–17, Sa 10–14,
So 12–17 Uhr; Eintritt Erw. 70 nkr,
Kinder 10 nkr

*Auch im Winter sind Fischer zwischen
Ørnes und Bodø auf dem Wasser. Fisch
ist noch immer ein wichtiger Wirtschaftsfaktor in Norwegen.*

Hafen: Brønnøysund

■ D 6, S. 115

Nordgehend: 4. Tag 1 Uhr
Südgehend: 10. Tag 17 Uhr

Für norwegische Autofahrer ist Brønnøysund das, was für deutsche Flensburg ist: Hier sammelt man Punkte. Das nationale Fahrzeugregister wurde im Zuge der Dezentralisierungspolitik nach Brønnøysund verlegt. Mit rund 7000 Einwohnern ist die Gemeinde ein wichtiges Zentrum für die Region Helgeland, die bereits zum Regierungsbezirk Nordland gehört. Die norwegischen **Fylke** sind von der Einwohnerzahl und den Aufgaben her am ehesten mit Regierungsbezirken zu vergleichen, doch von der Fläche her stehen sie deutschen Bundesländern in nichts nach. Brønnøysund als Ortschaft zählt übrigens nur rund 3000 Einwohner.

Sehenswertes

Torghatten
Außer dem Fahrzeugregister hat Brønnøysund noch eine weitere Attraktion, den nahe gelegenen Berg Torghatten.

Auch wenn es in Norwegen nicht gerade an Bergen mangelt, ist dieser doch bemerkenswert. Durch ihn führt ein riesiges Loch von 160 m Länge, 25 bis 30 m Höhe und einer Breite, die zwischen 12 und 25 m variiert. Das Loch kann von Erkundungswilligen durchwandert werden. Der Sage nach schoss der Riese **Hestmannen** einen Pfeil durch den Berg, die Wissenschaft sieht es dagegen nüchterner. Vermutlich haben einst Meerwasser und Frost dem Berg zugesetzt. Heute muss man vom Meeresspiegel aus erst einmal 112 m in die Höhe klettern, bevor man das Loch erreicht.

Hurtigruten passiert den 271 m hohen Berg Torghatten, doch benötigt man ein gutes Fernglas, um das Loch im Berg zu sehen. Nordgehend wird Brønnøysund nachts passiert.

Hafen: Sandnessjøen

■ D 6, S. 115

Nordgehend: 4. Tag 4.15 Uhr
Südgehend: 10. Tag 13.30 Uhr

Auf der Strecke zwischen Brønnøysund und Sandnessjøen passiert Hurtigruten die **Syv Søstre**, die markanten Gipfel der »Sieben Schwestern«, die bis zu 1072 m aufragen. Einer uralten Legende nach handelt es sich dabei um zu Stein gewordene sagenhafte Trolle, die sich nicht rechtzeitig vor Sonnenaufgang versteckt haben. Auf der gegenüberliegenden Seite des Sundes erhebt sich der Berg **Dønnamannen** (838 m). Wie klein ist doch ein Postdampfer dagegen!

Kurz vor den »Sieben Schwestern« liegt in Fahrtrichtung Norden auf Steuerbord, also rechts, die Insel **Tjøtta**. Auf einem großen Kriegsfriedhof liegen etwa 7700 sowjetische Soldaten, die meisten Gräber sind namenlos.

Direkt nebenan befindet sich der internationale Friedhof, auf dem die 2571 Toten begraben liegen, die bei einem alliierten Luftangriff während des Zweiten Weltkrieges auf den deutschen Truppentransporter »Riegel« im kalten Wasser der Nordsee ums Leben kamen.

Es handelte sich zumeist um sowjetische, norwegische und deutsche Gefangene sowie ihre deutschen Bewacher. Die Versenkung des »Riegel« zählt noch immer zu den schwersten Schiffskatastrophen der Neuzeit.

Kurz darauf passiert man die Insel **Herøy**, auf der der norwegische Dichter Petter Dass (1647– 1707) geboren wurde. Er wurde Pfarrer in der kleinen Gemeinde Alstahaug, zu der auch Sandnessjøen gehört. Mit einer Durchschnittstemperatur von 14,7 °C im Juli ist der Ort einer der wärmsten in der Gegend. Seit 1891 macht Hurtigruten in Sandnessjøen Station und hat dadurch maßgeblich zur Entwicklung des Ortes beigetragen. Sandnessjøen, das auf einer Insel liegt, hat durch die über einen Kilometer lange Hängebrücke, die **Helgelandsbrua**, eine ständige Verbindung zum Festland bekommen.

Die im Juli 1991 eingeweihte Brücke wird teilweise durch Maut finanziert. Anders sind solch aufwendige Straßenbauprojekte, von denen nur die rund 5000 Einwohner von Sandnessjøen profitieren, für den Staat nicht zu bezahlen.

Hafen: Nesna ■ D 6, S. 115

Nordgehend: 4. Tag 5.30 Uhr
Südgehend: 10. Tag 11.15 Uhr

Nesna hat das tägliche Anlaufen durch die Postdampfer der Industriestadt Mo i Rana zu verdanken, die 66 km weiter im Inland liegt. Für die Postschiffe wäre die Fahrt bis nach Mo i Rana ein zu großer Umweg.

Nesna eignet sich für eine Fahrtunterbrechung für Leute, die einmal ganz abseits der üblichen Touristenpfade in der weltfernen Einsamkeit

❶ MERIAN-Tipp

Hurtigruten im Winter In der kalten Jahreszeit kommt der ursprüngliche Charakter der Schiffe besonders gut zur Geltung. Beste Reisezeit ist der März, wenn die Tage wieder so lang sind wie bei uns – vielleicht auf der »M/S Finnmarken«, die als erstes Hurtigrutenschiff über zwei Whirlpools auf dem Außendeck verfügt. Das hat was: draußen bei Wind und Wetter im warmen Pool relaxen und die vorbeiziehende Küste betrachten!

wandeln möchte. Zum einen kann man mit dem eigenen Wagen von Nesna aus die Küste entlang über Ørnes nach Bodø fahren. Dies ist eine der schönsten Alternativen zur E 6 mit ihrem Schwerverkehr.

Zum anderen bieten sich Ausflüge von Stokkvågen auf die Inseln Lovund und Træna an. Offenheit, die Fähigkeit, mit anzupacken, und Norwegenerfahrung sind für diese Abstecher sinnvolle Voraussetzungen. Das sind keine Inseln, auf die man »einfach mal so zum Gucken« hinausfährt.

Sehenswertes

Polarsirkelsenteret ■ E 5, S. 115

Dort, wo die Europastraße E 6 die geographische Grenze zur Arktis kreuzt, findet man das Polarkreiszentrum. Mehr als 200 000 Besucher aus allen Ländern der Welt sehen sich jährlich die Ausstellung zur Kultur, Geschichte und Wirtschaft Nordnorwegens an. Darüber, ob sich der Eintritt lohnt, gehen die Meinungen deutlich auseinander. Ab dem Polarkreis ist die Mitternachtssonne zu sehen, sofern das Wetter es zulässt.
Tel. 75 69 02 40, 1. Mai–15. Sept.
Tel. 75 12 96 96; 1. Mai–1. Juni 10–18 Uhr, 2.–20. Juni 9–20 Uhr, 21. Juni–1. Aug. 8–22 Uhr, 2.–15. Aug. 9–20 Uhr, 15. Aug.–15. Sept. 10–18 Uhr; Eintritt Erw. 50 nkr, Kinder 30 nkr

Hafen: Ørnes ■ E 5, S. 115

Nordgehend: 4. Tag 9.30 Uhr
Südgehend: 10. Tag 7.15 Uhr

Auf der Fahrt von Nesna nach Ørnes wird der Polarkreis überquert, ganz unspektakulär. Ab jetzt ist theoretisch die Mitternachtssonne sichtbar – oder nicht mehr sichtbar, wenn es zurück nach Süden geht. Wichtigste Voraussetzung für die Mitternachtssonne ist ohnehin gutes Wetter. Außerdem ist es in der Praxis nicht so wichtig, ob die Sonne wirklich um Mitternacht über den Horizont lugt oder nicht. Die lange Dämmerung sorgt auch südlich des Polarkreises für helle Nächte.

Fährt man nur wenige Kilometer weiter nach Norden, so verlängert sich der Zeitraum schnell, in dem die Sonne über dem Horizont steht. In Bodø ist sie vom 4. Juni bis zum 8. Juli zu sehen.

Ørnes, das sind ein paar dümpelnde Fischkutter vor einigen Bootshäusern am Ufer, das Ganze bewacht von massiven, baumlosen Bergen, an deren Fuß sich die Siedlung klammert. Zuvor passiert das Schiff den schmalen Meløyfjord. Würde man ihm weiter folgen, käme man durch den Glomfjord zum gleichnamigen Ort am Fjordende. Nur wenige Kilometer in südlicher Richtung beginnt mit dem Svartisen der zweitgrößte Gletscher Norwegens.

Wer den eigenen Wagen mitnimmt, sollte die Straße 17 zwischen Ørnes und Bodø nicht verpassen. Sie zählt zu den schönsten Küstenstraßen Norwegens.

Sehenswertes

Svartisen ■ E 5, S. 115
160 km südlich von Bodø liegt der zweitgrößte Gletscher Norwegens. Um richtig nah an den Gletscher he-

ranzukommen, kann man mit einem Boot 10 Minuten über den Fjord fahren. Am Gletscher können Kanus gemietet werden. Es werden geführte Gletschertouren angeboten.
Svartisen Turistsenter; Holandsfjord, Halsa; Tel. 75 75 00 11 oder über Touristeninformation in Bodø

Museen

Meløy Bygdemuseum
Etwa 4 km von Ørnes entfernt liegt die Siedlung Reipå, in der sich ein einfaches Dorfmuseum befindet, das das Leben der Küstenbauern um 1900 dokumentiert.
Øde Reipå; Tel. 75 75 59 40; 24. Juni– 13. Aug. Sa 11–15, So 12–17 Uhr, andere Tage und 20. Aug.–20. Juni nach Absprache; Eintritt Erw. 15 nkr, Kinder 5 nkr

Hurtigruten-Landausflug

Nordgehend: Der Ausflug von Ørnes aus wird von April bis September als kombinierte Boots- und Bustour zum **Svartisengletscher** angeboten. Dieser Ausflug kann nur direkt an Bord gebucht werden. Eingeschifft wird erst wieder in Bodø, so dass auf der Rückfahrt noch ein kurzer Stop am Saltstraumen, dem wohl stärksten Gezeitenstrom der Welt, eingelegt wird.

Die rund drei Kilometer lange Meerenge Saltstraumen bei Bodø ist eines der imposantesten Naturphänomene an der norwegischen Küste.

Schroff ragen die Lofoten aus dem Meer. Würde nicht der Dorsch seit tausend Jahren vorbeiziehen, wären die rauen Inseln wohl kaum bewohnt.

Karte → S. 53

Wenn nach der dreistündigen Überfahrt von Bodø über den Vestfjord die Lofoten in Sicht kommen, wird sofort klar, warum diese Inselkette solch einen hohen Bekanntheitsgrad genießt. Steile, gezackte Gipfel ragen jäh aus dem Meer, bis zu tausend Meter hoch. Menschen haben wegen des Fischreichtums in dieser rauen Gegend gesiedelt.

Überliefert ist die **Lofotfischerei** seit rund tausend Jahren. Aus ganz Norwegen kamen – und kommen teilweise immer noch – die Fischer, um hier in den Monaten Januar bis März **Dorsch** zu fischen. Da es sich bei der Lofotfischerei um ein saisonales Geschäft handelt, wurden zunächst nur selten feste Behausungen gebaut. Die auswärtigen Fischer schliefen unter ihren umgedrehten Booten. Überliefert ist, dass König Øystein 1120 eine Anzahl Schlafstätten für die Fischer bauen ließ. **Rorbu** nennt man solch ein Fischerhaus am Wasser. Der Name wird von »ror« für Ruderer und »bu« für Wohnen abgeleitet. Aus dieser ersten Ansiedlung hat sich eine Wohnform entwickelt, die inzwischen an der gesamten norwegischen Küste verbreitet ist. In den Holzhäusern, die auf Stelzen am oder im Wasser stehen, wohnen heute bequem vier bis sechs Urlauber.

Neben der Fischerei ist der Tourismus zum Haupterwerbszweig geworden. Auf den Lofoten hat man sich

schwer getan mit dem unerwarteten Ansturm der Touristen. Die Campingplätze waren zu klein, es gab zu wenig Hotels und keine ausgeschilderten Wanderwege, und trotzdem kamen die Leute. Die Preise für Rorbuer kletterten eine Zeitlang schneller, als der Standard stieg. In den letzten Jahren hat man sich besser auf den Urlauberschwarm eingestellt: Die Preise blieben konstant, und der Standard wurde deutlich verbessert. Dass die Lofoten trotzdem teurer sind als der Rest des Landes, ist auf die kurze Saison zurückzuführen. In zehn bis zwölf Wochen im Jahr muss das Geld verdient werden, mit dem das Boot oder die neuen Netze abbezahlt werden. Das ist verzeihlich.

Hafen: Bodø
■ b 6 und B 12, S. 116

38 500 Einwohner
Nordgehend: 4. Tag 12.30 bis 15 Uhr
Südgehend: 10. Tag 1.30 bis 4 Uhr

Schön ist Bodø nicht, doch die Hauptstadt des Regierungsbezirks Nordland ist ein modernes Verwaltungszentrum mit allen Annehmlichkeiten, die solch eine Funktion mit sich bringt: komfortable Hotels, gute Restaurants, ein moderner Flughafen mit Direktflügen nach Oslo und interessante Museen. Ein Stadtrundgang beschränkt sich auf die Fußgängerzone. Dass die Stadt, verglichen mit Ålesund, Trondheim oder Tromsø, gesichtslos wirkt, ist auf die deutsche Bombardierung vom 27. Mai 1940 zurückzuführen, bei der nichts aus der Gründerzeit ab 1816 stehen blieb. 1816 wurden in

Lofoten und Vesterålen

Norwegian

Sea

Vesterålen

Lofoten

Andenes
Bleik
Breivik
Andøya
Nordmela
Myre
Åse
Risøyhamn
Åknes
Nyksund
Myre
Holm
Skogsøya
Smines
Jennestad
Utskår
Hovden
Rygge
Langøya
Straumsjøen
Stokmarknes
Steine
Melbu
Hadseløya
Fiskebøl
Austvågøy
Gimsøya
Kleppstad
Eggum
Vestvågøy
Borg
Valberg
Utakleiv
Leknes
Stamsund
Ure
Ballstad
Mortsund
Fredvang
Nusfjord
Sund
Moskenesøya
Reine
Moskenes
Å
Sørvågen
Refsvik
Hell
Moskenstraumen
Mosken
Værøy
Helligvær
Røst
Bliksvær
© MERIAN-Kartographie

Anderdalen
Nasjonalpark
Stonglandseidet
Senja
Stangnes
Sørfjord
Grøtavær
Grytøya
Harstad
Kasfjord
Kinn
Borkenes
Breivik
Fornes
Forfjord
Kilbotn
Flesnes
Gausvik
Revsnes
Kongsvik
Sigerfjord
Hinnøya
Ramsund
Tjeldøya
Evenes
Møysalen
1266
Lødingen
Dørmålstindan
1017
Svartsundtindan
1054
Offersøy
Bognes
Tranøy
Store Molla
Hamarøy
Drag
Hamarøy
Skutvik
Lundøya
Sandnes
Slåttlifjellet
1105
Engeløya
Bogøy
Anderbakk
1242
Nordskot
Nordfold
Blåfjellet
1002
Leiranger
Helldalisen
1361
Laukvik
Folda
Sørfold
Kjerringøy
Middagstinden
1071
Misten
Festvåg
Fauske
Landegode
Løding
Skjerstadfjorden
Bodø
Skjerstad
Saltstraumen
Rognan
Mo i Rana

Sørrollnes
Rolla
Skittendalstinden
1306
Fjeldal
Ballangen
Bjørkåsen
Skarberget
Kjøpsvik
Andørja
Ibestad
Dyrøya
Vinje
Vågs fjorden

Stokmarknes
Melbu
Svolvær
Kabelvåg
Henningsvær

Vestfjorden
Vestfjorden
Leinesfjorden

Bodø gerade einmal 55 Männer gezählt. Der »Goldrausch«, der der Stadt um 1870 einen explosionsartigen Bevölkerungszuwachs bescherte, wurde von großen Heringsschwärmen ausgelöst.

Das moderne Bodø ist von Fisch verarbeitender Industrie, Fachhochschulen und dem Militär geprägt. Der Norden war nicht nur im Zweiten Weltkrieg strategisch wichtig, sondern auch im Kalten Krieg. Die NATO hat sich früh in Nordnorwegen engagiert, um sowjetische Marineverbände im Eismeer zu beobachten. Die militärischen Anlagen sind auf dem Flughafen von Bodø so präsent, dass das Filmen und Fotografieren streng untersagt ist. Selbst das offene Tragen von Kameras ist unerwünscht.

Hotels/andere Unterkünfte

Comfort Home Hotel Grand

Der Name Grand Hotel verweist in Norwegen zumindest darauf, dass das Haus ein gewisses Alter zuzuweisen hat. In diesem Fall ist er auch ein Qualitätsprädikat. Das Grand Hotel in Bodø zählt zu den drei führenden Hotels am Ort.
Storgata 3; Tel. 75 54 61 00, Fax 75 54 61 50; 97 Zimmer (14 Nichtraucherzimmer)
★ ★ ★ AmEx DINERS EURO VISA

Landego Fyr

Einmal auf einem Leuchtturm übernachten! Vor Bodø wird dieser »Kleine-Jungen-Traum« wahr, sinnvoll ist es wegen der hohen Grundkosten allerdings nur für Gruppen. Zum Glück sind Norweger flexibel, und je nach Buchungslage im Skagen Hotel, das den Leuchtturm betreut, kann es sein, dass schon fünf Leute als Gruppe gelten. Die Insel, auf der Landego Fyr steht, ist unbewohnt, so dass man das Quartier nur per »Taxiboot« erreichen kann. 15 Zimmer sind auf zwei Gebäude verteilt, wobei sich die Toiletten im Keller und

die Duschen auf dem Speicher befinden. Gegessen wird in einem umgebauten Stall. Die Übernachtung allein ist ziemlich günstig, mit der notwendigen Vollpension kostet es jedoch pro Tag stolze 130–160 €. Aber fragen kostet nichts.
Kontakt über Hotel Skagen; Nyholmsgata 11; 8005 Bodø; Tel. 75 52 24 00, Fax 75 52 59 30; 15 Zimmer; Preise auf Anfrage

Norrøna Hotel

Das Garni-Hotel im Zentrum von Bodø hat von Mitte Juni bis Mitte August sehr günstige Zimmerpreise.
Storgata 4 b; Tel. 75 52 55 50, Fax 75 52 33 88; 88 Zimmer
★ ★ AmEx DINERS EURO VISA)

Radisson SAS Hotel Bodø

Das Hochhaus in der Storgata verspricht nicht nur eine gute Aussicht über den Nyholmssund, sondern auch den der Hotelgruppe eigenen hohen internationalen Standard, der mit Normalpreisen um 175 € auch bezahlt sein will. Im Sommer machen Rabatte von fast 50 % das Top-Hotel geradezu preiswert.
Storgata 2; Tel. 75 52 41 00, Fax 75 52 40 33; 190 Zimmer ★ ★ ★ AmEx DINERS EURO VISA

Sehenswertes

Norsk Luftfartsenter

Im norwegischen Luftfahrtzentrum sind sowohl die zivile als auch die militärische Luftfahrt dokumentiert. Auf 12 000 qm erstreckt sich das staatliche Museum. Die Stadt Oslo hatte sich sehr um diese neue Attraktion bemüht, doch sehr zum Ärger in der Hauptstadt verhalf die Dezentralisierungspolitik dem nordnorwegischen Bodø zu dem Museumskomplex. Für Urlauber besonders interessant sind die typisch norwegischen Abteilungen zu den in dieser Region wichtigen Themen Seerettung und Polarflüge.

Olav V. gate; Tel. 75 50 78 50; Mitte Juni–
Aug. So–Fr 10 –19, Sa 10 –17 Uhr, Mitte
Aug.–Juni Mo–Fr 10 –16, Sa–So 11–17 Uhr;
Eintritt Erw. 70 nkr, Kinder 35 nkr

Saltstraumen   ■ c 6
Der Saltstraumen ist eine Gezeiten-
strömung, die es in sich hat. Sie gilt
als stärkster Mahlstrom der Welt.
32 km von Bodø entfernt liegt diese
natürliche Touristenattraktion. Das
Wasser bekommt durch die 150 m
schmale und 3 km lange Meerenge
eine Geschwindigkeit von bis zu
20 Knoten. Das entspricht ungefähr
37 km/h. Von Bodø verkehren regelmäßig Linienbusse. Auskünfte über
den aktuellen Fahrplan erteilt die
Bodø Touristinformation.

Museen

Kjerringøy Gamle Handelssted
    ■ c 5–6
Der Marktflecken Kjerringøy zählt aufgrund seiner geschlossenen Bebauung zu den wichtigsten historischen
Baudenkmälern aus dem 19. Jh.
15 Häuser stehen unter Denkmalschutz. Bekannt wurde Kjerringøy,
das 42 km von Bodø entfernt liegt,
unter anderem durch Verfilmungen
von Romanvorlagen Knut Hamsuns.
Um nach Kjerringøy zu kommen,
muss man mit dem Auto dem RV 834
folgen, wobei die Fähre von Festvåg
nach Misten benutzt werden muss.
Sie verkehrt mindestens stündlich.
Nachmittags kann man auch die einzige Busverbindung benutzen.
Tel. 75 51 12 57; Führungen 18. Mai–31. Aug.
11.15, 14, 15.30 Uhr; 24. Juni–13. Aug.
zusätzlich 13 Uhr; Eintritt Erw. 40 nkr,
Kinder 20 nkr

Løp Gamle Gård   ■ bc 6
Auf dem Wege nach Kjerringøy Gam-
le Handelssted fahren Sie auf dem
RV 834 am Løp Gamle Gård vorbei,
einer alten Hofanlage aus dem 17. Jh.
Das Dach des gelben Hauptgebäudes

ist mit Gras bedeckt. Der Hof ist mit
dem Originalmobiliar eingerichtet. Im
Garten kann man Kaffee trinken.
Tel. 75 51 05 64; 20. Juni–27. Aug.
Di–Fr 11–16, Sa und So 12–16 Uhr;
Eintritt frei

Nordlandmuseet
Das Nordlandmuseet bildet das Dach
für vier verschiedene Museen, die in
und bei Bodø liegen. Da die Öffnungszeiten von Kjerringøy Gamle
Handelssted abweichend sind, wird
es getrennt vorgestellt. Im Hauptgebäude des Nordlandmuseet widmet man sich den Themen Fischerei
und der samischen Kultur. Außerdem
ist ein Silberschatz aus Rønvik zu
bewundern, der aus der Eisenzeit
stammt. In der 2 km vom Zentrum
entfernten Außenstelle am Bodøs-
jøen findet man das Freilichtmuseum
mit 16 Gebäuden und einer großen
Bootssammlung. Schließlich kann
man im Nordland Kultursenter im
Freilichtmuseum auf Voranmeldung
eine Führung durch das Ludvig-Filip-
Zimmer machen. Hier sind Wand-
und Deckenmalereien aus der Mitte
des 18. Jh. zu bewundern.
Hauptgebäude: Prinsens gate 116;
Tel. 75 52 16 40 oder 75 52 16 49;
Mo–Fr 9–15, Sa und So 12–15 Uhr;
Eintritt Erw. 30 nkr, Kinder frei

Essen und Trinken

Paviljongen
»Näher kannst du Paris nicht kommen«, lautet der Wahlspruch des
Cafés in der Fußgängerzone, das
außerdem für sich beansprucht, dass
es von Philosophen und Lebens-
künstlern besucht wird. Wie viele
es davon in Bodø wohl geben mag?
Storgata 5 B; Tel. 75 52 01 11;
tgl. 10.30–1 Uhr ★ EURO VISA

Pizzakjeller'n
Der Siegeszug der italienischen Teig-
waren hat Nordnorwegen längst er-

reicht. Der Pizzakeller ist das Low-Budget-Restaurant im SAS Hotel.
Storgata 2; Tel. 75 52 41 00;
So–Fr 14–0.30, Sa 12–0.30 Uhr
★★ AmEx DINERS EURO VISA

Sjøsiden Restaurant
Wer nach Tagen in der Wildnis einmal wieder gepflegte internationale Küche genießen möchte, ist im Restaurant des SAS Hotels richtig. Wer original norwegische Küche und Atmosphäre sucht, wird in diesem Lokal allerdings nicht glücklich.
Storgata 2; Tel. 75 52 41 00;
Mo–Sa 12–23, So 12–15 Uhr
★★★ AmEx DINERS EURO VISA

Einkaufen

Bertnes Geo-Senter   ■ c 6
Freunde ausgefallener Steine und Mineralien sowie Geologen kommen im Dorf Bertnes, 10 km außerhalb von Bodø, auf ihre Kosten.
Bertnes, am RV 80; Tel. 75 51 83 03;
Mo, Di, Fr 9–17, Mi, Do 9–20, Sa 9–15 Uhr

Am Abend

Den Siste Glæde
»Die letzte Freude« – und nichts anderes bedeutet der Name – machen sich die Gäste in diesem angesagten Treffpunkt spätestens um 2.30 Uhr. Dann endet das Nightlife in Bodø. Besucher meist unter 30.
Storgata 16; Tel. 75 52 27 77;
tgl. 11–2.30 Uhr

Service

Destinasjou Bodø
Sjøgata 6, Postboks 5 14, N-8001 Bodø;
Tel. 75 54 80 00, Fax 75 54 80 01

Nordland Reiseliv
Brønnøysund bis Risøyhamn,
Postboks 4 34, N-8001 Bodø;
Tel. 75 54 52 00, Fax 75 54 52 10

Hafen: Stamsund
■ a 4 und B 11, S. 116

Nordgehend: 4. Tag 19.30 Uhr
Südgehend: 9. Tag 21.30 Uhr

Stamsund liegt auf der Insel Vestvågøy in der Mitte der Lofoten. Nach Süden folgen noch Flakstadøya und Moskenesøya, weiter nordöstlich schließt mit Austvågøy die Insel an, auf der die Hauptstadt der Lofoten, Svolvær, liegt. Stamsund ist kaum mehr als ein Anleger, ein paar Lagerhallen und einige Fischerhäuser. Dabei zählt Stamsund mit rund 1300 Einwohnern zu den größten Ortschaften der Inselgruppe. Im Unterschied zum Festland überwiegen auf den Lofoten richtige Dörfer mit Straßen und enger Bebauung, Streusiedlungen gibt es auf der Inselgruppe nur dort, wo ein wenig Landwirtschaft betrieben werden kann.

Hotels/andere Unterkünfte

Justad Rorbuer og Vandrehjem
Die Jugendherberge besteht aus alten Rorbuer und liegt sehr schön direkt am Wasser. Eigene Rorbuer können auch gemietet werden. Gute Angelmöglichkeiten bieten sich wegen der reichen Fischgründe.
Stamsund; Tel. 76 08 93 34, Fax 76 08 97 39;
11 Zimmer (2-, 4- und 8-Bett-Zimmer) ★

Stamsund Hotel Lofoten
Das einzige Hotel am Ort ist zwar klein, hat aber das gesamte Jahr für Seemänner und -frauen geöffnet – Hurtigruten sei Dank.
Steineveien 17; Tel. 76 08 93 00,
Fax 76 08 97 26; 28 Zimmer
★★ AmEx DINERS EURO VISA

Museen

Vestvågøy Museum   ■ a 4
Auf dem Weg von Stamsund nach Leknes kommt man an dem kleinen, idyllisch gelegenen Dorf **Fygle** vor-

bei. Hier ist eine der beiden Abteilungen des Vestvågøy Museum zu Hause. Das Dorfmuseum zeigt Ausstellungen zum Thema Lofotfischerei. Zum Museum gehört ein Rorbu aus dem Jahr 1834.

Fygleveien 109; Tel. 76 08 00 43; 1. Juni–31. Aug. Mo–Sa 11–16 Uhr, 1. Sept.–31. Mai nach tel. Absprache; Eintritt Erw. 25 nkr, Kinder 15 nkr

Die andere Abteilung in **Sennesvik** ist auf einer Nebenstraße von RV 815 aus zu erreichen. Hierbei handelt es sich um ein sehenswertes Freilichtmuseum mit Häusern von 1870, zu denen eine historische Kaianlage und ein Bootshaus gehören.

Skaftnes Sennesvik; Tel. 76 08 75 59; 1. Juni–31. Aug. Di–Fr 11–16 und So 12–16 Uhr, 1. Sept.–31. Mai nach tel. Absprache; Eintritt Erw. 25 nkr, Kinder 15 nkr

Ziele in der Umgebung

Borg ■ a 4 und AB 11, S. 116

Borg, das auf einigen Karten auch Borge geschrieben wird, liegt nahe einer geschützten Bucht an der Westseite der Insel Vestvågøy. Der Ort fällt bei der Durchfahrt vor allem durch seine moderne Kirche auf. Die Vorgänger sind mehrfach vom Sturm zerstört worden. Hier befand sich schon zur Wikingerzeit eine wichtige Siedlung, die im **Lofotr Vikingmuseum** (→ MERIAN-Tipp rechts) wiederauferstanden ist. Bei archäologischen Ausgrabungen stieß man auf einen eisenzeitlichen Königssitz, dessen Hauptgebäude über 83 m lang und 9 m hoch war. Dies ist für ein skandinavisches Langhaus der Wikingerzeit außergewöhnlich groß. Die Funde ließen darauf schließen, dass hier ein bedeutender Wikingerhäuptling oder König geherrscht haben muss. Wirtschaftsverbindungen nach Frankreich, England und zum Mittelmeerraum konnten nachgewiesen werden. Das Gebäude konnte anhand der Ausgrabungen rekonstruiert werden und entstand so an alter Stelle neu.

Nusfjord ■ a 5 und A 11, S. 116

Nusfjord ist solch eine wunderbare Lofoten-Idylle, dass es manche fast schon wieder kitschig finden. Rund um den kleinen Fjord, geschützt durch hohe Berge, liegt das Dorf, das als Ganzes unter Denkmalschutz steht. Es wurde in die UNESCO-Liste des schützenswerten Weltkulturgutes aufgenommen. Die Mehrzahl der Fischerhäuser und Rorbuer wurde um 1800 gebaut. Einige werden an Urlauber vermietet, andere werden als Fischerhäuser noch genutzt.

❗ MERIAN-Tipp

Lofotr Vikingmuseum Das Erlebnismuseum wurde im Juni 1995 eröffnet. Besucher werden in dem lebendigen Museum wie per Zeitmaschine in das Jahr 900 zurückversetzt. Zum Erleben gehört natürlich eine Mahlzeit im Wikinger-Langhaus, bei der der martialisch wirkende Häuptling hereinkommt und von seinen Heldentaten dröhnt. Drunten am Bootshaus liegt zudem ein Nachbau eines Wikingerschiffes, mit dem man eine Ruderpartie machen kann. Sklaven, an die Ruder! Borg bei Bøstad, an der E 10/RV 19; Tel. 76 08 49 00, Fax 76 08 49 10; 18. Mai–1. Sept. tgl. 10–19 Uhr, 2. Sept. 17. Mai Fr 13–15 Uhr, Gruppen ab 12 Pers. ganzjährig nach Vereinbarung; Familienticket 2 Erw. + 3 Kinder 200 nkr; Eintritt Erw. 80 nkr, Kinder 40 nkr ■ a 4 und AB 11, S. 116

Nusfjord liegt auf Flakstadøya, man muss etwa 10 km nach dem Nappstraum-Tunnel nach links abbiegen. Eine schmale Straße windet sich hinab zu der Bucht, an der Nusfjord liegt.

Reine ▪ a 5 und A 12, S. 116

Der Fischerort auf Moskenesøya hat sich zu einem Anziehungspunkt für Touristen entwickelt. Das hat verschiedene Gründe. Zum einen stehen eine größere Zahl Rorbuer zur Verfügung, zum anderen gibt es ein gutes Restaurant – das ist nicht selbstverständlich –, und zum dritten ist Reine gut zugänglich. Reine ist deutlich weniger museal als Å, so dass man hier auch in der Hochsaison Einheimische trifft: ein Stück unverfälschte Kultur.

Hotels/andere Unterkünfte

Reine Rorbuer
Die roten Rorbuer liegen wunderschön direkt am Wasser. Es gibt zwei Arten von Hütten. Hütten in Kategorie A sind komplett mit eigener Küche, Toilette und Dusche eingerichtet. Kategorie B sind Hütten mit einem einfachen Standard, ohne eigene Dusche und Toilette. Diese werden nur in den Sommermonaten vermietet. Einige Rorbuer werden nur wochenweise von Sa bis Sa vermietet.
Tel. 76 09 22 22, Fax 76 09 22 25;
20 Rorbuer mit 2–8 Betten;
Kategorie A: ★ ★
Kategorie B: ★ AmEx DINERS EURO VISA

Essen und Trinken

Gammelbua M
Das urgemütliche Restaurant befindet sich am Hafen von Reine in einem über 200 Jahre alten Holzhaus. Das maritim eingerichtete Restaurant bietet norwegische Hausmannskost und jegliche Art von Fisch. Außerdem

wird hier ein gutes Fassbier gezapft. Die Öffnungszeiten variieren.
Tel. 76 09 22 22, Fax 76 09 22 25 ★ ★

Å ▪ a 5 und A 12, S. 116

Das Dorf, dessen Name nur aus einem Buchstaben besteht – er spricht sich übrigens O wie in Ofen –, ist das Ziel der meisten Touristen. Die **Reichsstraße 19** endet in Å als kleine, einspurige Dorfstraße. Das bringt Verkehrsprobleme mit sich. Wer mit dem eigenen Auto kommt, sollte einen der Parkplätze am Ortseingang nutzen und sich Å zu Fuß anschauen. Viele Gebäude in Å stehen unter Denkmalschutz, das norwegische Fischerdorfmuseum macht fast die Hälfte der Häuser aus. Der Ort blickt auf eine Geschichte zurück, die typisch für nordnorwegische Dörfer ist. Wem der Kaufmannsladen gehörte, der hatte die Macht. In Å war dies die Kaufmannsfamilie **Ellingsen**, die über Generationen das Sagen hatte. Kraft seines Geldes war der Kaufmann Johan Ellingsen der Patriarch von Å. Großbürgerlich sein Haus, davon zeugen die internationale Literatur in den Regalen, das Spielzeug der Kinder und die Tapeten an den Wänden. Man muss sich nur einmal hundert Jahre zurückversetzen, um zu verstehen, wie außergewöhnlich dieses Haus war. Nur mit dem Schiff konnten der schmiedeeiserne Ofen, das Mobiliar und all die schönen Dinge auf die Lofoten in dieses abgelegene Nest gelangen. Straßen? Brücken? Tunnel? Gab es nicht, allenfalls unbefestigte Wege! Daneben die Rorbuer, die einfachen Unterkünfte der Fischer, in denen sie mit zehn bis zwanzig Männern hausten. Jeder halbwegs ebene Platz, auch zwischen den Rorbuer, wurde genutzt, um Trockengestelle für den Dorsch aufzubauen. Ähnlich sind übrigens Ortschaften wie Kjerringøy Gamle Handelssted (→ Bodø, S. 52) und

Jennestad Handelssted (→ Sortland, S. 63) entstanden.

Hotels/andere Unterkünfte

Nye Vest-Lofoten Hotell

In Sørvågen, 2 km vor Å, liegt das einzige Hotel auf der Insel Moskenesøya. Dass der unscheinbare Flachbau ganzjährig geöffnet ist, bedeutet nicht, dass das ganze Jahr etwas los ist. Im Winter kann es schon passieren, dass man als einziger Gast hier wohnt.
Tel. 76 09 13 66, Fax 76 99 15 65
★ ★ AmEx EURO VISA

Å Hamna Rorbuer M

Direkt am Hafen gelegene Rorbuer, die im Winter auch noch von Fischern genutzt werden. Teilweise sehr alte Fischerunterkünfte, die geschickt alte Balken mit modernem Komfort verbinden.
Tel. 76 09 12 11, Fax 76 09 11 14;
14 Rorbuer mit 4–6 Betten ★ ★

Å Vandrehjem og Rorbuer

Teile der Jugendherberge gehören zum Freilichtmuseum. Die Jugendherberge vermietet auch Rorbuer als Familienunterkünfte.
Tel. 76 09 11 21, Fax 76 09 12 82;
19 Rorbuer mit 3–10 Betten ★ VISA

Sehenswertes

Lofotfischerei

Noch immer sind es Hunderte von Fischkuttern und Booten, die von Januar an zur Lofotfischerei auslaufen, natürlich nicht nur von Å aus, sondern auch von Reine, Nusfjord, Mortsund, Stamsund, Henningsvær, Svolvær und wie die Häfen alle heißen. Die Lofotfischerei beginnt, wenn der Dorsch kommt und die Fischerei-Aufsichtsbehörde den Fang freigibt. Sie endet, wenn die staatlich festgesetzten Fangquoten erfüllt sind. Das kann je nach Wetter

schon Ende Januar sein, es kann sich aber auch bis März ziehen. Die Fischbestände haben in den vergangenen fünfzig Jahren arg gelitten. Fast 22 000 Fischer kamen noch 1951 zur Lofotfischerei, heute sind es weniger als 10 % davon. Aber 2000 Fischer auf über 700 Booten, die fast gleichzeitig auslaufen – das ist ein unvergesslicher Anblick! Wer sich Zeit nimmt und seefest ist, sollte nach einer Mitfahrmöglichkeit fragen. Dann muss man allerdings auch mit anpacken! Von den Lichtverhältnissen her ist zu beachten, dass im März Tag und Nacht fast schon wieder gleich lang sind. Außerdem ist der März vom Wetter her der schönste Wintermonat. Aber wer weiß schon, wann der Dorsch kommt … Danach hängt auf den Lofoten der Himmel voller Dorsche. Je nach Fangdatum

❶ MERIAN-Tipp

Lofoten Tørrfiskmuseum Das Stockfisch-Museum ist einer Privatinitiative zu verdanken. Der örtliche Produzent von Stockfisch hat in einem alten Seehaus das Museum einrichten lassen, das vom Dorschfang, vom Trocknen des Dorsches und von seinem langen Weg in die katholischen Länder erzählt, wo der »tørrfisk« heute noch als Delikatesse gilt. Stockfisch heißt er übrigens, weil er über Gestellen aus »Stöcken« getrocknet wird, im Gegensatz zum Klippfisch, der auf die Klippen zum Trocknen gelegt wurde. Tel. 76 09 12 11; 1.–15. Juni und 21.–31. Aug. Mo–Fr 10–17 Uhr, 16. Juni–20. Aug. tgl. 10–17 Uhr; Eintritt Erw. 65 nkr, Kinder/Studenten 45 nkr ■ a 5 und A 12, S. 116

hängen die geköpften Fische Schwanz an Schwanz festgebunden bis in den Mai hinein zum Trocknen.

Museen

Norsk Fiskeværmuseum

Å selbst ist das Museum. Ein Teil der Häuser, darunter das Haus des Kaufmanns Johan Ellingsen (1812–1900), wurde zusammen mit den umliegenden Rorbuer unter Denkmalschutz gestellt. Die Häuser sind teils bewohnt, teils unbewohnt, und einige können sogar gemietet werden. Das pittoreske Ensemble, auf den steilen Felsen zwischen Meer und Berge eingeklemmt, zeugt von der langen Tradition des Fischfangs und den dörflichen Strukturen zum Ausgang des 19. Jh. Auch außerhalb der Öffnungszeiten kann man die Häuser des Ortes von außen betrachten. Tel. 76 09 14 88; ganzjährig Mo–Fr 9–16 Uhr, 20. Juni–20. Aug. tgl. 10–18 Uhr; Eintritt 55/30 nkr mit Führung; Tickets auch für das Tørrfiskmuseum gültig.

Hafen: Svolvær

■ b 4 und B 11, S. 116

Nordgehend: 4. Tag 21 bis 22 Uhr
Südgehend: 9. Tag 18.30 bis 19.30 Uhr

Svolvær ist das Verwaltungszentrum der Lofoten und mit rund 4000 Einwohnern die größte Stadt der Inselgruppe. Hier legt nicht nur Hurtigruten an, sondern auch die Autofähre vom Festland, die aus Skutvik von der Insel Hamarøy kommt. Außerdem verbinden Katamarane Svolvær mit Bodø. Der Flughafen wird mehrmals täglich von der Regionalfluggesellschaft Widerøe angeflogen. Mit diesem für nordnorwegische Verhältnisse dichtem Netz an Verkehrsverbindungen hat Svolvær »gode kommunikasjoner«, wie man in Norwegen sagt, wobei Kommunikation den Verkehr meint. Das Stadtbild ist funktionell.

Hotels/andere Unterkünfte

Lofoten Rorbueferie Kabelvåg

6 km von Svolvær entfernt liegt Kabelvåg, zu erkennen an der großen Holzkirche an der Straße. Die Ferienwohnungen verteilen sich auf vier Gebäude an der Mole von Kabelvåg. Alle haben eine eigene Küche, Toilette, Dusche sowie ein Wohnzimmer. Tel. 76 07 84 44; 15 Ferienwohnungen
★★ AmEx VISA

Nordlandia Royal Hotel

Modernes Hotel im Zentrum, nicht weit vom Hurtigrutenkai entfernt. Im Haus befindet sich neben dem Restaurant auch ein Tanzlokal, das am Wochenende Treffpunkt der Einheimischen ist. Sivert Nilsens gate 21; Tel. 76 07 12 00, Fax 76 07 08 50; 48 Zimmer
★★ AmEx DINERS EURO VISA

Nyvågar Rorbuhotell M

Fast wie ein Hotel mit Rezeption und Restaurant wird die Rorbu-Anlage in Kabelvåg betrieben. Die großen, komfortablen Rorbuer bieten Platz für bis zu sechs Personen. Die beiden Schlafzimmer liegen im oberen Stockwerk, unten befindet sich das Wohnzimmer mit der Kochecke sowie Toilette und Dusche. Tel. 76 06 97 00, Fax 76 06 97 01; 30 Rorbuer mit 2–6 Betten
★★ AmEx DINERS EURO VISA

Svolvær Hotell Lofoten

Ruhiges, in einer Seitenstraße gelegenes kleines Garni-Hotel im Familienbesitz mit persönlichem Service. Austnesfjordgata; Tel. 76 07 19 99, Fax 76 07 09 09; 17 Zimmer
★★ AmEx DINERS EURO VISA

Sehenswertes

Lofoten-Aquarium

Dorsch, Hering und anderen Meeresbewohnern einmal direkt Auge in

Oben: In der Fangzeit dreht sich auf den Lofoten alles um den Dorsch. Nach dem Fang werden sie paarweise zum Trocknen auf Holzgestelle gehängt.

Mitte: Tag und Nacht eine Orientierungshilfe ist der Leuchtturm von Bodø. Auch übernachten kann man hier (→ Landego Fyr, S. 54).

Unten: Den Hafen von Svolvær teilen sich die Fischkutter mit Hurtigruten, der Autofähre vom Festland und dem Katamaran, der Svolvær mit Bodø verbindet (→ S. 60).

Auge gegenüberstehen, nur durch eine Glasscheibe getrennt, kann man im Lofoten-Aquarium. Außerdem tummeln sich Seehunde in einem Freibecken. Das Lofotenaquarium liegt in Kabelvåg beim Lofotenmuseum. Öffnungszeiten wie Lofmuseet.

Museen

Lofotmuseet
Das Lofotenmuseum berichtet umfassend über die Geschichte der Lofoten vom Mittelalter bis zur Neuzeit. In unmittelbarer Nähe der Museumsgebäude untersuchen Archäologen die mittelalterliche Siedlung Vågar. Wo sich heute das Lofotenmuseum befindet, sollen einst rund 100 Rorbuer gestanden haben. Das Museumsgelände ist unterteilt in die Ausstellung im Hauptgebäude, einem herrschaftlichen Handelshaus, und mehrere Nebengebäuden, darunter Bootshäuser mit Ruderbooten am Ufer.
Storvågan, Kabelvåg; Tel. 76 07 82 23; 1. Sept.–9. Mai Mo–Fr 9–15 Uhr; 10. Mai–31. Mai Mo–Fr 9–15, Sa–So 11–15 Uhr, 1. Juni–31. Aug. tgl. 9–18 Uhr; Eintritt Erw. 40 nkr, Kinder 15 nkr

Service

Destination Lofoten
Boks 210; N-8301 Svolvær; Tel. 76 07 30 00, Fax 76 07 30 01

Ziele in der Umgebung

Henningsvær
■ a 4 und B 11, S. 116

Das Fischerdorf Henningsvær hat erst 1983 einen Straßenanschluss bekommen. Zwei Brücken schwingen sich hinüber zu dem Inselort, dessen Hafen voller Fischkutter liegt. Rund um den Hafen stehen einige alte und sehenswerte Häuser. Henningsvær

ist eines der »aktiven« Fischerdörfer, hier wird noch Fisch gefangen, gelagert und umgeschlagen. Das Angebot für Urlauber ist relativ groß, ohne dass der Ort dadurch wie ein Touristenzentrum wirkt. Durch die abgeschlossene Insellage ist das Dorf nicht so zersiedelt wie Svolvær.

Trollfjord ■ b 3 und B 11, S. 116

Hurtigruten hat den Trollfjord bekannt gemacht: ein kleiner, schmaler Fjord, der als Nebenarm vom Raftsund abgeht. Der Trollfjord gehört zum Pflichtprogramm jedes Touristen. Wer aber einmal einen richtigen Fjord in Westnorwegen gesehen hat, fragt sich, warum ausgerechnet diese kleine Sackgasse auf dem Wasser so populär geworden ist. Von Svolvær aus werden Bootstouren zu dem Meeresarm angeboten.

Hurtigruten-Landausflug

Südgehend: Mit dem Bus geht es von Svolvær nach Henningsvær, wo die Galerie des Malers Karl Erik Harr besucht wird. Weiter fährt man entlang der Berge über die Insel Gimsøya nach Vestvågøy, wo in Stamsund wieder an Bord gegangen wird.

Hafen: Stokmarknes
■ b 3 und B 11, S. 116

Nordgehend: 5. Tag 1 Uhr
Südgehend: 9. Tag 15.15 Uhr

Stokmarknes ist der Heimathafen von **Vesteraalens Dampskibssellskap**, kurz VDS, die seit 1881 besteht. Der Begründer von Hurtigruten, Richard With, stammte aus Stokmarknes. Nach der Fusion 1988 wurde aus VDS die neue OVDS, **Ofotens og Vesteraalens Dampskibsselskap**.
    Sechs der elf Hurtigrutenschiffe stellt OVDS. In Stokmarknes ist noch immer eine ansehnliche Flotte von

Handelsschiffen beheimatet, die Seefahrt hat den Ort geprägt. Der berühmte Markt, der von 1851 bis 1939 in Stokmarknes stattfand, wurde in den siebziger Jahren unter dem Namen Vesterålsfestivalen wiederbelebt.

Museen

Hurtigrutenmuseet
Das Museum zur Geschichte von Hurtigruten befindet sich im ehemaligen Reedereigebäude der VDS. Ausgestellt sind Modelle alter Postdampfer, Fotografien und Gemälde. Eine komplett eingerichtete Postkabine macht die Atmosphäre an Bord auch für Landratten erlebbar. Im Museum werden Sonderfahrkarten für Hurtigruten verkauft: Man kann von Stokmarknes durch den Raftsund nach Svolvær fahren. Für die Rückfahrt kann man entweder das schnelle Expressboot, den Bus oder den nordgehenden Postdampfer benutzen.
Richard Withs Plass; Tel. 76 11 81 90; 15. Juni–15. Aug. tgl. 10–18 Uhr; 16. Aug.–14. Juni Sa 12–16 Uhr; Eintritt Erw. 80 nkr, Kinder 30 nkr

Ziel in der Umgebung

Melbu ◼ b 3 und B 11, S. 116

In Melbu, wo die Fähre Lofoten und Vesterålen miteinander verbindet, findet seit über zehn Jahren ein Kulturfestival namens »Sommer-Melbu« statt. Im Juli und der ersten Hälfte des August verwandelt sich der kleine Ort in das kulturelle Zentrum Nordnorwegens. Die Mischung macht die Besonderheit von »Sommer-Melbu« aus. Kinderumzug, internationales Straßentheater, klassische Konzerte des Jahn-Ensembles, aber auch ungewöhnliche avantgardistische Konzerte in der Fischölfabrik sprechen sowohl Intellektuelle aus ganz Nor-

wegen als auch die Lokalbevölkerung an. Der Schwerpunkt von »Sommer-Melbu« liegt in der zweiten Hälfte des Juli. Dann sind alle 2500 Einwohner Melbus auf den Beinen.

Hafen: Sortland
◼ b 2 und B 11, S. 116

Nordgehend: 5. Tag 3 Uhr
Südgehend: 9. Tag 13 Uhr

Sortlands Wahrzeichen und Lebensnerv ist die 961 m lange und 30 m hohe **Sortlandbrücke**, die die Inseln Hinnøya und Langøya miteinander verbindet. Über diese Brücke kann man das Festland und Narvik fährenfrei erreichen. In Sortland befindet sich das nordnorwegische Hauptquartier der Küstenwache. Sie kontrolliert nicht nur die norwegischen Küstengewässer, sondern koordiniert auch alle größeren Rettungseinsätze auf See.

Sehenswertes

Jennestad Handelssted
Etwa 8 km fährt man von Sortland nach Nordwesten, bis man Jennestad erreicht. Über hundert Jahre war dies das Zentrum des Handels für die umliegenden Inseln. Ein zur Jahrhundertwende selbst für deutsche Verhältnisse großer Kaufmannsladen mit Speichergebäude und zahlreichen Anbauten blieb in Jennestad für die staunende Nachwelt erhalten.

Bis 1982 wurden hier Waren über die alte, 17 m lange Theke verkauft. Die unverkauften Waren blieben einfach in den Regalen, ob Schuhcreme oder Damenhüte. Jennestad Handelssted ist das geblieben, was es immer war: ein wunderbares Sammelsurium.
Jennestad, RV 820; Tel. 76 12 82 55; 21. Juni–20. Aug. Di–Fr 11–17, Sa–So 12–17 Uhr; Eintritt Erw. 30 nkr, Kinder frei

Hafen: Risøyhamn
■ b 2 und C 10, S. 116

Nordgehend: 5. Tag 4.30 Uhr
Südgehend: 9. Tag 11 Uhr

Über den winzigen Ort mit 214 zufriedenen Einwohnern lässt sich kaum mehr sagen, als dass es erstaunlicherweise einen Zahnarzt, einen Tierarzt und eine Arztpraxis für Allgemeinmedizin sowie Schule und Kindergarten gibt. Das macht Risøyhamn zu einer wichtigen Ortschaft auf der Insel Andøya. Außerdem ist Risøyhamn der einzige Hafen, den Hurtigruten auf Andøya anläuft.

Ziel in der Umgebung

Andenes ■ b 1 und C 10, S. 116

50 km nördlich von Risøyhamn, an der äußersten Spitze der Insel Andøya, liegt Andenes. Bei Andenes betreibt die Universität Tromsø in einer Außenstelle Weltraum- und Polarlichtforschung. Dazu werden vom hier ansässigen Norwegischen Raumfahrtzentrum Raketen zur Erforschung der Ionosphäre abgeschossen. In Andenes ist eine Fliegerstaffel der norwegischen Luftwaffe stationiert. Deshalb herrscht auf dem kleinen Flughafen von Andenes dasselbe strikte Fotografierverbot wie in Bodø. Was die kleine Ortschaft mit den großen roten Leuchtturm seit Ende der achtziger Jahre zum Touristen-Mekka Nordnorwegens gemacht hat, ist die Möglichkeit, **Wale** vom Schiff aus zu beobachten. Seitdem hat der Ort seinen Charakter geändert. Das Übernachtungs- und Restaurationsangebot hat den Provinz-Standard verlassen, das Museum hat sich auf die Besucher eingestellt, und wenn es Vorgärten geben würde, wären sie sicher geharkt. Wer mit öffentlichen Verkehrsmitteln reist, kann Andenes von Risøyhamn

aus erreichen. Es besteht Busanschluss von und nach Andenes zu jeder Hurtigruten-Abfahrt.

Hotels/andere Unterkünfte

Lankanholmen Sjøhus
Modern ausgestattete Hütten, die unweit vom Leuchtturm direkt am Hafen liegen. Die Preise richten sich nach der Anzahl der Personen pro Hütte.
Tel. 76 14 28 50, Fax 76 14 28 55;
18 Hütten mit je vier Betten
★ ★ AmEx DINERS EURO VISA

Norlandia Andrikken Hotel
Äußerlich recht schlichtes Hotel, das aber ordentliche, komfortable Zimmer vorzuweisen hat. Ein Teil der Zimmer befindet sich im Hotel Viking.
Tel. 76 14 12 22, Fax 76 14 19 33; 73 Zimmer
★ ★ AmEx DINERS EURO VISA

Sehenswertes

Andenes Walsafari
Durch Herman Melvilles Roman »Moby Dick« ist der Pottwal literaturfähig geworden. Seitdem in Norwegen wieder legal Zwergwale (mink whales) gefangen werden dürfen, schlagen die Wogen hoch zwischen norwegischen Befürwortern und internationalen Walfanggegnern. In Andenes hat man den dritten Weg gefunden: Die Wale, die vor Andøya relativ dicht an das Festland herankommen, werden allenfalls mit der Kamera gejagt. Die Fahrten mit einem 60 bis 80 Personen fassenden Schiff dauern drei bis sechs Stunden, wobei eine gewisse Seefestigkeit hilfreich ist. Zu sehen gibt es Pottwale, Zwergwale und Tümmler. Die Chance, solch einen Meeressäuger zu sehen, liegt bei über 90 %. Bei schlechtem Wetter wird nicht gefahren. Dann heißt es warten, bis die See wieder ruhiger ist. Eine Führung durch das Walzentrum ist inbegriffen.

1

Whale Safari

Postboks 58; N-8480 Andenes;
Tel. 76 11 56 00, Fax 76 11 56 10;
Saison 25. Mai–15. Sept.;
Fahrpreis Erw. 650 nkr, Kinder von 8–16
Jahren 450 nkr, Kinder von 5–7 Jahren
350 nkr, Buchung vorab empfohlen

Museen

Polarmuseet

Das Polar- und Fischereimuseum von
Andenes berichtet über Fische und
Wale, Fischfang und Walfang und wie
es einst war, als Fischer auf Spitz-
bergen im Nordpolarmeer zu über-
wintern.
Tel. 76 14 20 88 oder 76 14 15 11;
Juni–Aug. tgl. 10–18 Uhr, Sept.–Mai
geöffnet nach tel. Absprache;
Eintritt Erw. 20 nkr, Kinder 10 nkr

Service

Andøy Turistinformasjon

Postboks 253; N-8483 Andenes;
Tel. 76 14 18 10, Fax 76 14 76 20

Hafen: Harstad

◼ c 2 und C 10, S. 116

Nordgehend: 5. Tag 6.45 Uhr
Südgehend: 9. Tag 8 bis 8.30 Uhr

Harstad wurde erst 1903 zur Stadt.
Die guten Heringsfänge Ende des
19. Jh. hatten einen rapiden Bevölkerungszuwachs zur Folge. Heute zählt
Harstad mit über 22 000 Einwohnern
zu den großen Städten in Nordnorwegen. Harstad liegt auf der Insel
Hinnøya, der größten Insel, hat aber
einen fährenfreien Straßenanschluss
zum Festland bei Narvik. Der nächste
Flugplatz liegt 40 km entfernt bei
Evenes mitten im Nichts. Evenes ist
aber eine wichtige Drehscheibe für
die Inlandsflüge von Oslo nach Norden, so dass von hier aus Nonstop-
Verbindungen in die Hauptstadt bestehen.

Hotels/andere Unterkünfte

Grand Nordic Hotel

Typisches Stadthotel, ein fünfstöcki-
ger Klotz, aber vorteilhaft in der Nähe
des Hurtigrutenkais gelegen.
Strandgata 9; Tel. 77 00 30 00,
Fax 77 00 30 01 ★ ★ ★
AmEx DINERS EURO VISA

Museen

Trondarnes Distriktmuseum

Das regionale Museum muss alles
abdecken, was Schulklassen interes-
sieren könnte: Geologie, Botanik und
die heimische Tierwelt. In der historischen Abteilung finden sich Zeitzeu-
gen zur Kultur- und Industriege-
schichte Harstads.
Verftsgata 1; Tel. 77 01 83 80; Di–Fr 10–
15 Uhr; Eintritt Erw. 10 nkr, Kinder frei

Essen und Trinken

Røkenes Gård og Gjestehus

Der selten alte Gasthof stammt aus
dem Jahre 1750. Im ehemaligen Stall
befindet sich heute eine Galerie, in
der preiswertes Essen serviert wird.
Im Hauptgebäude, wo man teuer,
aber gut isst, geht nichts ohne Reservierung.
Røkenes; Tel. 77 05 84 44
★ ★ ★ AmEx DINERS EURO VISA

Service

Harstad Turistinformasjon

Torvet 8; N-9401 Harstad;
Tel. 77 01 89 89, Fax 77 01 89 80

Hurtigruten-Landausflug

Südgehend: Nach einer Besichti-
gungstour durch Harstad geht es mit
dem Bus in Richtung Sortland. Dabei
wird bei Revsnes der Gullesfjord mit
der Fähre überquert. Der Ausflug
wird ganzjährig angeboten.

Zu den lebhaftesten Städten

Norwegens zählt Tromsø. Das gilt nicht nur für Wirtschaft und Kultur, sondern vor allem auch für die Kneipen und Restaurants.

Troms ist der kleinste nordnorwegische Regierungsbezirk, aber Tromsø ist die größte Stadt nördlich von Trondheim. Das Fylke (Regierungsbezirk) Troms besteht in erster Linie aus Inseln und »zerfranster« Küstenlinie. Die Gebiete im Inland sind nur wenig besiedelt. Dort befinden sich zwei Nationalparks. Der **Øvre Dividal Nasjonalpark** liegt nördlich des schwedischen Sees Torneträsk an der schwedisch-norwegischen Grenze. Der **Reisa Nasjonalpark** grenzt an finnisches Territorium, das sich hier in einem Zipfel weit nach Westen bis auf 40 Kilometer an die norwegische Küste vorschiebt. In diesem Nationalpark liegt der mit 269 Metern zweithöchste Wasserfall Norwegens, der Mollisfossen.

Die Fahrt von Harstad über Finnsnes und Tromsø nach Skjervøy verläuft landschaftlich schön durch schmale Sunde zwischen den Inseln.

Hafen: Finnsnes
■ D 10, S. 117

Nordgehend: 5. Tag 11.45 Uhr
Südgehend: 9. Tag 4.45 Uhr

Finnsnes nennt sich selbst »die Pforte zur Perle«. Pforte deshalb, weil der Ort an der Brücke zur Insel Senja liegt. Und die »Perle«, weil die Insel Senja wahrlich eine Entdeckung wert ist. Glücklicherweise dauert die Schiffsreise zwischen der Insel und dem Festland mehrere Stunden. Wovon die Menschen hier lebten, machen einige geographische Bezeichnungen klar. Da gibt es eine Bucht und einen Ort Torsken, einen

Die Eismeerkathedrale von Tromsø wurde zur Touristenattraktion. Der 1965 geweihte Bau soll die Polarnacht, die Mitternachtssonne und das Nordlicht symbolisieren. Das 140 Quadratmeter große Glasmosaik ist das größte in Europa.

Torskenfjord und eine Torskenøya – Dorsch und nichts als Dorsch, ob als Fjord oder als Insel. Auf Senja liegt einer der kleineren norwegischen Nationalparks. 118 qkm umfasst der Ånderdalen Nasjonalpark, in dem sogar Elche zu Hause sind.

Hafen: Tromsø
■ D 9, S. 117

54 600 Einwohner
Karte → S. 69
Nordgehend:
5. Tag 14.30 bis 18.30 Uhr
Südgehend:
8. Tag 23.45 bis 1.30 Uhr

In Tromsø ist alles »das nördlichste der Welt«. Das fängt mit der Universität an und endet noch längst nicht bei der Brauerei, die mit ihrem arktischen Bier über die Grenzen Norwegens bekannt ist. Mit Superlativen geizt man nicht. Mit seinen rund 55 000 Einwohnern ist Tromsø nicht nur die größte Stadt Nordnorwegens. Nein, Tromsø ist auch die letzte Großstadt vor dem Nordpol. Was die Zahl der Plätze in Kneipen und Restaurants pro Kopf der Bevölkerung angeht, streitet sich Tromsø mit Stavanger um die Pole Position in Norwegen. Festzuhalten bleibt, dass das Amusement in Tromsø keinesfalls zu kurz kommt.

Man merkt der Stadt an, dass sie zu den wenigen Städten gehört, die nicht im Zweiten Weltkrieg den deutschen Truppen zum Opfer fiel. Ein großer Teil der alten Holzhäuser wurde leider bei einem Großbrand 1969 zerstört. Dass moderne Bauwerke auch schön sein können, beweist die »Eismeerkathedrale«, wie Tromsdalen kirke im Volksmund heißt.

Tromsø ist das **Tor zum Polarmeer**, eines der wenigen unzweifelhaften Attribute. In Tromsø starteten Nansen und Amundsen ihre Nordpolexpeditionen. Vom Flughafen Tromsø wird heutzutage die Verbindung zur Insel Spitzbergen gehalten. Um einen guten Überblick über Tromsø zu bekommen, muss man nicht unbedingt fliegen. Die Seilbahn bringt einen hinauf auf den Berg Storsteinen, der 420 m über Tromsø liegt. Hier droben liegt eines der schönsten stadtnahen Wandergebiete. Im Sommer ist der Storsteinen der örtliche Treffpunkt der Paraglider, die dann hinunter zur Stadt schweben. Die Fahrt hinauf lohnt nur bei klarer Sicht.

Hotels/andere Unterkünfte

Grand Nordic Hotel ■ a 4
Das Grand Hotel wirkt ein wenig plüschig. Für die zentrale Lage an der Storgata muss man ein gewisses Maß an Straßengeräuschen in Kauf nehmen.
Storgata 44; Tel. 77 75 37 77,
Fax 77 75 37 78; 99 Zimmer
★ ★ ★ AmEx DINERS EURO VISA

Radisson SAS Hotel ■ b 3
Der Blick zur Seeseite ist traumhaft. Gelegentlich liegen aber große Fischtrawler direkt vor dem Fenster und lassen die ganze Nacht den Generator brummen. Von der populären Diskothek im Haus hört man als Gast dafür angenehm wenig.
Sjøgata 7; Tel. 77 60 00 00,
Fax 77 68 54 74; 195 Zimmer
★ ★ ★ AmEx DINERS EURO VISA

With Home Hotel Ⓜ ■ b 2
Klare Formen und helle Farben dominieren in dem modernen Hotel am Hafen, das im Namen an den Gründer der Hurtigruten erinnert. Die Fassade ist die eines Speichergebäudes nachempfunden. Whirlpool und Sauna dienen der Entspannung. Aber beachten Sie: In Tromsø schwitzt man in Badehose oder -anzug in der Sauna. So liberal sind die Nordnorweger nun auch wieder nicht.
Sjøgata 35–37; Tel. 77 68 70 00,
Fax 77 68 96 16; 76 Zimmer
★ ★ ★ AmEx DINERS EURO VISA

Camping Tromsdalen ■ südöstlich c 1
3 km südlich der Stadt, am Ufer eines Flusses gelegen. Vom Stadtzentrum kommend, nach der großen Brücke auf der linken Seite.
Tel. 77 63 80 37, Fax 77 63 85 24

Spaziergang

Geht man vom Postschiff-Anleger gerade hoch in die Stadt, stößt man linker Hand gleich auf das berühmte Denkmal vom Entdeckungsreisenden **Roald Amundsen**, der als erster Mensch den Südpol erreichte. Kurz darauf folgt die **Kathedrale** von Tromsø, die mit ihren 750 Plätzen zu den größten aus Holz gebauten Kirchen des Landes zählt. Die **Storgata**, Tromsøs Hauptstraße, gesäumt von alten, in verschiedensten Farben gestrichenen Häusern, ist nach rechts Fußgängerzone. Wenn man ihr folgt, gelangt man zum **Stortorget**, dem »großen Platz«, der bis ans Wasser hinabreicht. Während sich am Ufer eine **Marina** mit zahlreichen Anlegern für alle möglichen Arten von Sportbooten befindet, liegt oberhalb an der linken Seite des Platzes das **Kulturhaus**, ein Mehrzweckgebäude mit wechselnden Ausstellungen und Räumlichkeiten für Konzerte. Am Ende der Fußgängerzone muss man sich rechts halten, um zum **städtischen Museum** und zum **Polarmuseum** zu gelangen. Von dort geht es am Wasser entlang mit der großen Brücke im Rücken zurück zur Anlegestelle.

Sehenswertes

Fjellheisen ■ südöstlich c 1
Die Gondelbahn auf den Berg Storsteinen (420 m) fährt nicht nur zu einem schönen Ausblick hinauf, sondern auch in ein erstklassiges Wandergebiet. Bei gutem Wind treffen sich hier Drachenflieger.

Tel. 77 63 87 37; 1. April–30. Sept. tgl. 10–17 Uhr, März Sa–So 10–17 Uhr, 20. Mai–20. Aug. tgl. 10–1 Uhr

Ishavskatedralen
(Tromsdalen kirke) ■ östlich c 1

Die Eismeerkathedrale liegt unübersehbar gegenüber der Stadt etwas erhöht über dem Tromsøysund. Die dreieckige Form mit dem bis zum Boden gezogenen Dach fällt besonders ins Auge, wenn das Innere der Kirche erleuchtet ist. Von Anfang Juli bis Mitte August finden in der 1965 eingeweihten Kirche jeden Mi, Do und Fr um 14 Uhr Orgelkonzerte statt.

Havnegata; Bus 30/31 oder 28; 1.–31. Mai tgl. 16–18 Uhr, 1. Juni–15. Aug. Mo–Fr 10–20, So 13–20 Uhr, 16. Aug.–15. Sept. tgl. 16–18 Uhr; Eintritt Erw. 20 nkr, Kinder frei

Nordlysplanetariet ■ nördlich b 1

In Flugsesseln liegend schaut man in eine Kuppel und glaubt, den Sternenhimmel vor sich zu sehen. Auf die beeindruckenden Sterne folgt ein Video, das man ebenfalls in der Kuppel sieht. Es handelt vom Nordlicht und hat einige schöne und informative Passagen.

Hansine Hansens veg 17; Bus 20 oder 25 oder 37 ab Zentrum Richtung Universität;

Tel. 77 67 60 00, Fax 77 67 57 00; 1. Juni–
20. Aug. Mo–Fr 11–18, Sa 11–16.30 Uhr
(deutsche Führungen, Buchung empfohlen); Eintritt Erw. 60 nkr, Kinder 30 nkr

Senja-Insel ■ CD 10, S. 116/117
Nach Meinung von Bewohnern dieser
Insel sind hier alle Landschaftstypen
Norwegens vereint. Man kann sich
also nach einer Erkundung dieses Ei-
lands eigentlich den Rest des Landes
sparen. Im Nationalpark Anderdalen
meint man, bereits das karge Nordkap erreicht zu haben.

Museen

Nordnorsk Kunstmuseum
■ südlich a 4
Das Kunstmuseum beinhaltet Gemälde, Zeichnungen, Fotografien, Skulpturen, Textil- und Kunsthandwerk
von 1838 bis heute, vorwiegend von
Künstler und mit Motiven aus Nordnorwegen.
Sjøgata 1; Tel. 77 68 00 90; Di, Mi,
Fr 10–17, Do 10–19, Sa–So 12–17 Uhr

Polarmuseet
■ b 1
Das größte Interesse finden regelmäßig die Ausstellungen zu Roald
Amundsen und Fridtjof Nansen im
Polarmuseum. Daneben wird aber
auch die Bedeutung der Polarregion
für Tromsø dargestellt. Früher zählte
dazu auch der Fang von Walen, Rob-
ben und Eisbären, heute sind es in
erster Linie die Forschungseinrich-
tungen, von denen Tromsø profitiert.
Søndre Tollbugata 11; Tel. 77 68 43 73,
Fax 77 61 17 20; 16. Sept.–15. Mai tgl. 11–
15 Uhr, 16. Mai–15. Juni tgl. 11–17 Uhr,
16. Juni–15. Aug. tgl. 10–19 Uhr; 15. Aug.–
15. Sept. 11–17 Uhr; Eintritt Erw. 30 nkr,
Kinder 10 nkr

Tromsø Museum ■ südwestlich a 4
Das Tromsø Museum zählt zur Universität und liegt ein wenig außerhalb. Interessant ist die umfang-
reiche Ausstellung zum Leben der

Samen im ersten Stock des Gebäudes. Das naturkundliche und kultur-
geschichtliche Museum ist ansonsten recht nüchtern.
Lars Thørings vei 10; Tel. 77 64 50 00;
1. Juni–31. Aug. 8–20 Uhr, 1. Sept.–31. Mai
Mo–Fr 8.30– 15.30, Sa–So 11–17, Mi 19–
22 Uhr; Eintritt Erw. 30 nkr, Kinder 15 nkr

Essen und Trinken

Compagniet Restauration ■ b 3
Das Compagniet gehört nicht nur zu
den besten Restaurants der Stadt,
sondern befindet sich in Norwegen
auch auf Platz vier der Rangliste der
Gourmetlokale.
Sjøgata 12; Tel. 77 66 42 22; Mo–Sa 18–
23 Uhr ★ ★ ★ ★ AmEx DINERS EURO VISA

Fjellstua ■ südöstlich c 1
Das Restaurant mit seiner Aussichts-
terrasse wird besonders wegen
der Lage auf dem Berg Storsteinen
besucht.
Tel. 77 63 86 55; 1. April–30. Sept. tgl.
11–17 Uhr, 20. Mai–20. Aug. tgl. 11–1 Uhr
★ ★ AmEx DINERS EURO VISA

Vertshuset Skarven
& Arctandria M M ■ b 4
Während das Skarven eher Pub-Cha-
rakter hat – bei gutem Wetter stehen
200 Stühle vor der Tür – werden im
Arctandria nordnorwegische und ark-
tische Spezialitäten serviert.
Strandtorget 1; Tel. 77 61 01 01;
Mo–Sa 17–24 Uhr, im Sommer auch
So geöffnet ★ ★ ★ AmEx DINERS EURO VISA

Am Abend

Es ist kein einzelnes Lokal, das die
Atmosphäre in Tromsø ausmacht.
Durch die ganze Stadt zieht sich
abends, vor allem an Wochenenden, eine gute Stimmung, die man
einem »Städtchen« mit 50 000 Einwohnern nicht zutraut. Auf den
Straßen, in den Restaurants und Diskotheken ist mehr los als in mancher

deutschen Großstadt. Wer sich hineinbegibt in den Trubel, findet oft auch Anschluss. Dass dabei auch gewisse Mengen Alkohol die Kehlen hinunterrinnen, ist meist harmlos.

Randale nach zu viel Alkohol ist sehr selten. Eventuelle kleine Probleme werden gern innerhalb des Freundeskreises geregelt. Das Ziehen von Lokal zu Lokal hat ebenso Tradition wie das Schlangestehen vor der Tür eines vollen Etablissements. Je länger die Schlange, umso besser das Lokal. Da steht man doch gern an.

Rorbua/Yonas ■ b 3

Diskotheken gibt es in Norwegen fast ausschließlich in den großen Hotels. Im Radisson SAS Hotel befindet sich nicht nur der Pub Rorbua mit maritim angehauchtem Outfit. Yonas ist eine Pizza-Diskothek im selben Haus. Die Pizza wird zu heißen Scheiben serviert, die internationale DJs auflegen. Sjøgata 7; tgl. 12–0.30 Uhr

Ølhallen ■ südlich a 4

Ein norwegisches Unikum: ein öffentlicher Bierkeller direkt bei der Brauerei Mack. Da hier nur tagsüber die Humpen gestemmt werden können, verfügt der norwegische Teil des Publikums über eine entsprechende Tagesfreizeit. Die stämmigen Kellner gehen mit allen Kunden gleich burschikos um, ob spanischer Matrose von einem Fischtrawler, japanischer Urlauber mit schreckverzücktem Gesicht oder norwegische Rentner mit Muskeln vom Ølkrug-Stemmen. Unter Norwegenfans ist das Bier von Mack ein beliebtes Souvenir. Macks Ølbryggeri; Storgata 4; Mo–Fr 9–17, Sa 9–15 Uhr

Service

Destinasjon Tromsø ■ b 3–4

Storgata 61; N-9001 Tromsø; Tel. 77 61 00 00, Fax 77 61 00 10; www.destinasjontromso.no

Hurtigruten-Landausflug

Nordgehend: Die Busrundfahrt durch Tromsø führt zu zwei Sehenswürdigkeiten, die zu Fuß in der Kürze der Zeit schlecht zu erreichen sind: die Ishavskatedralen (Tromsdalen kirke) und das Tromsø Museum.

Südgehend: Je nach Wetter wird entweder ein Ausflug (nur an Bord buchbar) auf den Berg Storsteinen gemacht, um im Sommer die Mitternachtssonne von oben zu sehen. Bei schlechter Sicht schaut man stattdessen lieber im Nordlichtplanetarium in die Sterne.

Hafen: Skjervøy ■ E 9, S. 117

Nordgehend: 5. Tag 22.30 Uhr
Südgehend: 8. Tag 20 Uhr

Geschützt hinter Inseln fährt der Postdampfer weiter Richtung Norden. Dabei wird die entlegene Lyngen-Halbinsel passiert, auf der es zahlreiche Möglichkeiten für einen ausgedehnten Aktivurlaub in der freien, fast unberührten Natur gibt. Berg- und Gletscherwanderungen sind zu den über 1500 m hohen Gipfeln möglich. Abends wird dann Skjervøy angelaufen. Selbst dieses große Dorf mit 2200 Einwohnern kann ohne Fähre erreicht werden. Dazu musste ein fast 3 km langer unterseeischer Tunnel unter dem Maursund und eine Brücke über den Skattørsund gebaut werden. Zur menschenleeren Vogelinsel Fugløya werden Ausflüge angeboten. Auf der Insel sollen im Sommer bis zu 300 000 Pärchen der lustig aussehenden Papageientaucher nisten. Von Skjervøy besteht eine tägliche Busverbindung nach Tromsø, Narvik und nach Alta.

Stetig steigt die Zahl der angelaufenen Häfen. Auch wenn die Fischerdörfer Straßenanschluss haben, mag man den täglichen Postdampfer nicht missen.

Der Regierungsbezirk Finnmark umfasst eine Fläche von über 48 000 Quadratkilometern. Das entspricht ungefähr der Größe des Bundeslandes Niedersachsen. Doch während in Niedersachsen über sieben Millionen Menschen wohnen, sind es in der Finnmark nur 76 000. Die größte Stadt ist Alta mit 16 000 Einwohnern, gefolgt von Kirkenes mit knapp 10 000. Von Alta nach Kirkenes sind es 571 Kilometer, eine Zahl, bei der sich die meisten Ausländer, aber auch viele Südnorweger verschätzen.

Das Inland dient traditionell der Rentierzucht der Samen. Doch auch wenn an Ostern die farbenprächtigen Trachten hervorgeholt werden, ist das Leben der Samen längst modern. Rentierherden werden per Helikopter und Schneescooter überwacht, und statt als Nomaden durch Lappland zu streifen, ist die überwiegende Mehrheit der Samen längst sesshaft geworden.

Hafen: Øksfjord ▪ B 14, S. 118

Nordgehend: 6. Tag 2.15 Uhr
Südgehend: 8. Tag 16 Uhr

Von Skjervøy aus muss der Postdampfer durch offenes Meer die Bucht Lopphavet überqueren, um

Der Eisbär ist ein Symbol für Hammerfest, die nördlichste Stadt der Welt (→ S. 73). Neben der Fischerei, die nach wie vor für die Stadt bedeutsam ist, spielt zunehmend der Tourismus eine Rolle – denn von hier ist es nicht weit zum Nordkap (→ S. 74).

Øksfjord zu erreichen. Bis vor wenigen Jahren hat man auch Alta angelaufen, einst traditionsreiche Station für die Postruderer. Gegenüber von Øksfjord liegt der Gletscher Øksfjordjøkelen, dessen Gipfel 1200 m knapp übersteigt. Die Arktis macht sich bemerkbar. In Øksfjord gibt es eine der selten gewordenen Fabriken in Norwegen, in der Fischhaut zu Leder verarbeitet wird. Bekleidung, Schuhe und Andenken werden daraus hergestellt. Der Øksfjordtunnel ist der längste Tunnel Finnmarks und sorgt für eine ganzjährige Verbindung mit der Außenwelt.

Hafen: Hammerfest

■ B 13–14, S. 118

Nordgehend: 6. Tag 5 bis 6.45 Uhr
Südgehend:
8. Tag 11.45 bis 13 Uhr

Zwischen den großen Inseln Sørøya im Westen und Seiland im Osten fährt der Postdampfer in geschützten Gewässern nach Hammerfest. Hammerfest war lange Zeit die nördlichste Stadt der Welt, verlor den Status aber an Honningsvåg. Stadtrechte erhielt Hammerfest 1789 durch den dänischen König Christian VII., für den Hohen Norden also recht früh. Ausschlaggebend war die Tatsache, dass der Hafen auch im Winter dank des Golfstromes eisfrei bleibt. Doch die Stadt wurde von mehreren schweren Schlägen getroffen. 1809 wurde Hammerfest von englischen Truppen beschossen und geplündert. 1890 vernichtete ein Großbrand rund 80 % der Häuser, und schließlich zerstörten deutsche Truppen die Kleinstadt auf ihrem Rückzug 1944 vollständig. Hammerfest, das auf der Insel Kvaløya liegt, zieht sich lang gestreckt um eine Bucht herum.

Größter Arbeitgeber vor Ort ist der Tiefkühlproduzent Findus. Das könnte sich ändern, wenn der Ausbau der großen Gasfelder Snøhvit, Askeladden und Albatross in der Barentsee vorangetrieben wird. Dies wird von Hammerfest aus geschehen, von wo aus bereits alle Wartungsarbeiten an bestehenden Anlagen der Öl verarbeitenden Industrie im Bezirk Finnmark durchgeführt werden.

Eine ungewöhnliche Art, ein Museum zu finanzieren, hat man in Hammerfest mit dem »Eisbären-Club« gefunden. Wer das Rathaus besucht und Mitglied des Clubs wird, finanziert über seinen einmaligen Beitrag eine Sammlung zum Thema »Fisch und Fang in den nördlichen Gewässern«. Über 130 000 Mitglieder haben dazu beigetragen, historische und wissenschaftlich interessante Jagdgegenstände zusammenzutragen.

Hotels/andere Unterkünfte

Hammerfest Bed & Breakfast A/S
Die funktionellen, aber nett anzusehenden Holzhäuser liegen etwas oberhalb des Hafens am Hang. Solche schlichten und preiswerten Hotels dürfte es gern öfter geben in der Finnmark. Man sollte rechtzeitig eine Reservierung vornehmen.
Skytterveien 24; Tel. 78 41 15 11,
Fax 78 41 19 26; 68 Zimmer
★ ★ AmEx DINERS EURO VISA

Rica Hotel Hammerfest
Die Normalpreise sind für das Gebotene eindeutig zu hoch, doch der Sommerpreis ist akzeptabel. In Gehweite zum Hurtigruten-Anleger.
Sørøygata 15; Tel. 78 41 13 33,
Fax 78 41 13 11; 85 Zimmer
★ ★ ★ AmEx DINERS EURO VISA

Service

Hammerfest Turist as
Postboks 460; N-9615 Hammerfest;
Tel. 78 41 21 85, Fax 78 41 19 00;
www.hammerfest-turist.no

Hafen: Havøysund

■ C 13, S. 118

Nordgehend: 6. Tag 9.45 Uhr
Südgehend: 8. Tag 9.15 Uhr

Über die Bucht Revsbotn geht es an
die nordwestliche Spitze der Porsan-
ger-Halbinsel nach Havøysund. Wie
bei vielen anderen abgelegenen
Dörfern hat auch bei Havøysund der
Straßenanschluss das Gegenteil des
Erwünschten bewirkt: Er wird als
Fluchtweg genutzt, die Dörfer zu ent-
völkern. Da hilft es wenig, dass man
Ausflüge zum nördlichsten Leuchtturm der Welt machen kann.

Hafen: Honningsvåg

■ CD 13, S. 118/119

Nordgehend: 6. Tag 11.45 Uhr
Südgehend: 8. Tag 7 Uhr

Wenn nach der Durchfahrt durch den
schmalen Magerøysund Honningsvåg in Sicht kommt, schlagen die
Herzen höher. Näher kommt man
dem nördlichsten Punkt Europas mit
dem Postschiff nicht. Den Rest des
Weges muss man per Bus über die
Insel Magerøya zurücklegen. Dass
das Nordkap nicht der nördlichste
Punkt Europas ist, sondern das be-
nachbarte Kap Knivskjellodden, stört
die meisten wenig. »Hier stehe ich
am Nordkap, an der äußersten Spitze
Finnmarks, am Ende der Welt. Hier,
wo die Welt endet, endet auch meine
Neugierde, und ich wende mich zufrieden nach Hause«, schrieb der italienische Forschungsreisende Pietro
Negri 1664 angesichts des Nordkaps.

Hotels/andere Unterkünfte

Arctic Hotel Nordkapp

Das Hotel ist einfach und freundlich,
aber nicht wirklich preiswert. Güns-
tige Lage zum Hurtigruten-Kai. Auch
Dreibettzimmer verfügbar.
Storgata 12; Tel. 78 47 29 66, Fax 78 47 30 10
★★ AmEx DINERS EURO VISA

Nordkapp Turisthotell

20 km von Honningsvåg und 14 km
vom Nordkap-Plateau entfernt liegt
das Nordkapp Turisthotell im Fischerdorf Skarsvåg. Der Standard ist einfach, dafür sind die Preise günstig.
Skårsvåg; Tel. 78 47 52 67; 39 Zimmer
★★ AmEx DINERS EURO VISA

Rica Bryggen Hotell

Nur 200 m zum Hurtigruten-Kai sind
es vom Hotel aus. Angeschlossen ist
eine Rorbu-Anlage.
Vågen 1; Tel. 78 47 28 88, Fax 78 47 27 24;
42 Zimmer im Hotel, 30 Zimmer in
der Rorbu-Anlage ★★★
AmEx DINERS EURO VISA

Rica Hotel Honningsvåg

Mit der Lage direkt am Anleger in
Honningsvåg bietet sich dieses Kom-
fort-Hotel für Hurtigruten-Passagiere
an. Bei der Reservierung ein Zimmer
mit Blick zur Wasserseite verlangen.
Nordkapp gate 4; Tel. 78 47 23 33,
Fax 78 47 33 79; 174 Zimmer
★★★ AmEx DINERS EURO VISA

Rica Hotel Nordkapp M

Leider nur in der Hauptsaison geöffnet hat das architektonisch an-
spruchsvolle Hotel Nordkapp, das
1991 eröffnet wurde. So wurde das
Hauptgebäude in der Form einem
»Lavvu«, dem samischen Zelt, nachempfunden.
8 km außerhalb in Richtung Nordkap;
Skipsfjorden; Tel. 78 47 33 88,
Fax 78 47 32 33; 240 Zimmer; 15. Mai–
15. Sept. ★★★ AmEx DINERS EURO VISA

Sehenswertes

Nordkap

Das Nordkap, 307 m hoch gelegen,
scheint besonders deutsche Touristen in seinen Bann zu ziehen. Die
Norweger folgen abgeschlagen
mit 14 % der Besucher auf Platz
zwei. Die Nordkap-Halle hatte bei der
Eröffnung 1990 die Gemüter noch

10

heftig erhitzt, doch der ständig steigende Besucherstrom scheint den Initiatoren recht zu geben, obwohl die Zufahrt auf das Plateau jetzt Geld kostet. Darin ist der Eintritt für die Nordkap-Halle enthalten. Ein Supervideo mit einer 225-Grad-Projektion zeigt auch bei Nebel, Regen oder Schnee, wie das Nordkap bei Sonne aussehen würde. Und wer schon bis hierher gekommen ist, leistet sich auch den obligatorischen Schampus an der Champagnerbar in der Grotte. Bei gutem Wetter hat man durch die Fenster freien Blick Richtung Nordpol, der allerdings noch 2000 km entfernt ist.

1. April–Mitte Okt.; Eintritt Erw. 185 nkr, Familien 370 nkr, Kinder 50 nkr

Museen

Nordkappmuseet
In dem lokalen Museum finden sich Erinnerungen an die Pioniere des Nordkap-Tourismus im 17. und 18. Jh. Die feste Ausstellung widmet sich außerdem der Küstenkultur.
Flskeriveien 4; Tel. 78 47 28 33; 5. Juni–15. Aug. Mo–Sa 11–20, So 12–20 Uhr, 16. Aug.–4. Juni Mo–Fr 12–15.30 Uhr; Eintritt Erw. 25 nkr, Kinder 5 nkr

Service

Nordkapp Reiseliv
Postboks 34; N-9750 Honningsvåg; Tel. 78 47 25 99, Fax 78 47 35 43; www.northcape.no

Hurtigruten-Landausflug

Nordgehend: Von Honningsvåg mit dem Bus zum Nordkap, das ist der Landausflug, den kaum ein Gasl auslässt. Wer verzichtet schon knapp 40 km vor dem Ziel auf den Nordkap-Poststempel auf der Karte für die Daheimgebliebenen? Ob das Nordkap hält, was man sich davon versprochen hat, hängt vom Wetter und den eigenen Erwartungen ab. Die Vorstellung, dass zwischen Nordkap und Nordpol nichts mehr kommt außer kaltem Wasser, ein paar Fischkuttern, russischen U-Booten und viel, viel Eis, ist schon faszinierend.

Südgehend: Wer das Nordkap auf der Hinfahrt im Nebel erlebt hat, bekommt jetzt eine zweite Chance. Diesmal führt die Bustour auf dem Rückweg bis nach Hammerfest, wo wieder an Bord gegangen wird.

Hafen: Kjøllefjord
■ D 13, S. 119

Nordgehend: 6. Tag 18 Uhr
Südgehend: 8. Tag 4.15 Uhr

Mit Porsangen und dem Laksefjord überquert der Postdampfer tiefe Einschnitte in das Land hinein, um auf der Nordkinn-Halbinsel den Ort Kjøllefjord anzulaufen. Hier wurde 1951 die erste Kirche des Bezirks Finnmark nach den Zerstörungen der Deutschen im Zweiten Weltkrieg wieder aufgebaut.

Hafen: Mehamn
■ D 13, S. 119

1 400 Einwohner
Nordgehend: 6. Tag 20.15 Uhr
Südgehend: 8. Tag 2 Uhr

Ebenfalls auf der Nordkinn-Halbinsel liegt Mehamn, das über einen Flughafen verfügt. Mit nur ein- bis zweimal Umsteigen gelangt man so nach Oslo. In Mehamn werden Wanderungen zum nördlichsten Punkt des europäischen Festlandes organisiert – das Nordkap liegt schließlich auf einer Insel.

Hotels/andere Unterkünfte

Mehamn Arctic Hotell
Das Mehamn Hotell war einmal das nördlichste Hotel der Welt. Heute ist es nur noch das nördlichste Hotel

des europäischen Festlandes. Wem die Rechnung als Beweis nicht reicht, der kann für 50 nkr ein Zertifikat erstehen.

Værveien 40; Tel. 78 49 67 00, Fax 78 49 67 01; 16 Zimmer

★★ AmEx DINERS EURO VISA

Hafen: Berlevåg

1 300 Einwohner ■ E 13, S. 119
Nordgehend: 6. Tag 23 Uhr
Südgehend: 7. Tag 23.15 Uhr

Der Kurs hat sich geändert: Immer nach Südosten geht jetzt die Reise über das offene Meer mit einem kleinen Abstecher nach Berlevåg. Hier endet die Ishavveien, die Eismeerstraße. Berlevåg liegt auf der großen Varanger-Halbinsel, deren Natur vom arktischen Klima geprägt ist. Von Berlevåg heißt es, dass das Dorf seinen Namen von den zahlreichen Perlmuscheln erhalten habe und früher Perlevåg hieß. Das Wetter kann hier sehr stürmisch sein. Nachdem die Ortschaft mehrfach von starken Wellen zerstört wurde, baute man eine große Mole vor den Hafen. Damit kann auch der Postdampfer den Hafen bei fast jedem Wetter anlaufen, was bis vor einigen Jahren nicht sichergestellt war. Es ist erstaunlich, wie ruhig die Schiffe auch bei harter See fahren. Verspätungen sind selbst im Winter selten, im schlimmsten Fall können einzelne kleine Häfen nicht mehr angelaufen werden.

Museen

Berlevåg Havnemuseum

Das Hafenmuseum erzählt die Geschichte vom schwierigen Bau der Hafenanlage. Eine Ausstellung zu den Themen Fischerei und Seefahrt ergänzt die Informationen.
Havnegata; Tel. 78 98 08 97; 16. Juni– 16. Aug. Mo–Fr 10–18, Sa–So 13–18 Uhr, 17. Aug.–15. Juni Mo–Fr 12–15 Uhr; Eintritt Erw. 25 nkr, Kinder 10 nkr

Hafen: Båtsfjord

■ E 13, S. 119

Nordgehend: 7. Tag 1.15 Uhr
Südgehend: 7. Tag 21.15 Uhr

Die Route gen Osten wird in jedem zweiten Fjord unterbrochen. Bei schwerer See wird dies als angenehme Abwechslung begrüßt. Diesmal geht es mitten in der Nacht oder abends hinein nach Båtsfjord.

Hafen: Vardø

■ F 13, S. 119

Nordgehend: 7. Tag 4.15 bis 5 Uhr
Südgehend: 7. Tag 16.45 bis 17.45 Uhr

Mit Vardø wird die östlichste Stadt Norwegens erreicht. Sie liegt auf 71° Nord und 31° Ost. Das bedeutet, dass Vardø östlich von St. Petersburg, Kiew oder Istanbul liegt. Die Stadt befindet sich auf einer Insel, ist aber durch einen Tunnel leicht zu erreichen. Aufgrund des arktischen Klimas wachsen hier keine Bäume. Dennoch findet man eine Vielfalt an Pflanzen und Tieren. Dazu zählen insbesondere die Vogelarten.

Vardø war der Ort in Norwegen, wo im Mittelalter die meisten Hexen verbrannt wurden. Im 16. und 17. Jh. endete das Leben von rund 80 Frauen im Feuer. Angeblich hatten sie alle ein Treffen mit dem Teufel in einer Höhle auf dem Festland.

Die Stadt ist das Zentrum des »Pomorhandels«, wie man den Tauschhandel zwischen Norwegen und Russland nennt. Mit Beginn des Kalten Krieges schloss sich die Grenze, die über Jahrhunderte offen war. Seit Beginn der neunziger Jahre findet nun wieder reger Handel statt, von dem die Region profitiert.

Spektakulärer Nachthimmel im hohen Norden: Polarlicht (Aurea Borealis). Dieses Schauspiel ist besonders gut am frühen Abend und in der dunklen Jahreszeit zu sehen.

Hotels/andere Unterkünfte

Vardø Hotel

Das ehemalige »Nye Hotel Barents«
bekam 1995 neue Besitzer und
einen neuen Namen. Die hauseigene
Diskothek ist im Keller des Gebäudes
untergebracht.
Kai gate 8; Tel. 78 98 77 61, Fax 78 98 83 97;
40 Zimmer ★ ★ AmEx DINERS EURO VISA

Sehenswertes

Festung Vardøhus

Die sternförmige Festung wurde
1738 fertig gestellt, um die dänisch-
norwegischen Gebietsansprüche in
Lappland zu untermauern. Auf dem
Gelände der Festung befindet sich
ein Museum. Die Ursprünge der Festung gehen auf das 14. Jh. zurück.
10. Juni–31. Aug.

Museen

Vardøhus Museum

Das Museum widmet sich im Hauptgebäude dem Pomorhandel, den
Hexenprozessen und dem Zweiten
Weltkrieg. Außerdem wird eine Ausstellung über die gescheiterte Expe-
dition Fridtjof Nansens zum Nordpol
gezeigt.
Per Larsens gate 32; Tel. 78 98 80 75;
15. Juni–15. Aug. Mo–Fr 9–18.30, Sa–So
11–18.30 Uhr, 16. Aug.–14. Juni Mo–Fr
9–15 Uhr; Eintritt Erw. 20 nkr, Kinder 10 nkr

Service

Vardø Turistinformasjon

Festnings gate 20; N-9950 Vardø;
Tel. 78 98 85 02, Fax 78 98 74 77

Hafen: Vadsø ■ F 14, S. 119

Nordgehend: 7. Tag 8.45 Uhr
Südgehend wird Vadsø nicht
angelaufen

Nur auf dem Weg nach Kirkenes,
nicht aber auf der südgehenden Tour
wird Vadsø von Hurtigruten angelaufen. Im 19. Jh. wanderten viele Finnen
nach Vadsø aus, und heute noch er-
kennt man den finnischen Ursprung

*Kirkenes, die letzte norwegische Stadt
vor der russischen Grenze, ist wieder
ein Tor zum Osten geworden.*

an vielen Familiennamen. 1875 war die Hälfte aller Bewohner im nördlichen Teil der Varanger-Halbinsel finnischen Ursprungs. Sie wurden angezogen vom Fischfang, als der Dorsch hier noch reichlich vorhanden war. Heute ist nicht Alta, wie viele meinen, sondern Vadsø die Hauptstadt des Regierungsbezirks Finnmark, und das ist die 6000-Einwohner-Stadt bereits seit 1888.

Hotels/andere Unterkünfte

Rica Vadsø Hotell
In der Bezirkshauptstadt dürfen die Rica-Hotels nicht fehlen. Das Haus verfügt wie alle Hotels der Kette über ein gutes Restaurant, eine Diskothek für die jüngeren und eine Tanzbar für die älteren Tänzer.
Oscargata 4; Tel. 78 95 16 81, Fax 78 95 10 02; 61 Zimmer
★ ★ AmEx DINERS EURO VISA

Vadsø Hotell & Konferanse
Das Gasthaus am Ufer des Fjords ist einfach, nett und freundlich. Sauna und Solarium befinden sich im Haus. Familienzimmer vorhanden.
Brugata 2; Tel. 78 95 33 35, Fax 78 95 34 35; 28 Zimmer ★ ★

Sehenswertes

Luftschiffmast
Eine kleine Erinnerung an die Zeiten der Polarexpeditionen ist der Luftschiffmast auf der Insel Vadsøya gegenüber der Stadt. Hier machte das Luftschiff »Norge« von Roald Amundsen 1926 fest und zwei Jahre später das Luftschiff »Italia« des Italieners Umberto Nobile.
Vadsøya

Museen

Vadsø Museum
Im örtlichen Museum findet sich norwegische, russische, finnische und samische Kultur unter einem Dach. So hoch im Norden, im Angesicht der lebensfeindlichen Natur, verschwimmen die nationalen Gegensätze. Die Menschen sind aufeinander angewiesen, daher kann man sich keine Streitigkeiten in der Nachbarschaft leisten. Der Bauernhof **Toumainengården** von 1840 ist ein Teil des Museums. Kuriosum auf dem Hof finnischen Ursprungs: Weil Brennholz knapp war, wurden die Sauna und der Ofen der Bäckerei gleichzeitig beheizt. Das Verfahren funktioniert heute noch.
Hvistendahls gate 31; Tel. 78 95 29 55; 20. Juni–20. Aug. tgl. 10–18 Uhr, 21. Aug.–19 Juni Mo–Fr 10–16 Uhr; Eintritt Erw. 20 nkr, Kinder 10 nkr

Service

Vadsø Turistinformasjon
Sletten gate 21; N-9800 Vadsø; Tel. 78 95 44 90, Fax 78 94 28 99

Hafen: Kirkenes
■ F 14, S. 119

9900 Einwohner
Ankunft: 7. Tag 10.30 bis 13.30 Uhr

Wenn der Postdampfer den Varangerfjord gekreuzt hat, ist das Ziel und der Wendepunkt der Reise erreicht: Kirkenes, die letzte norwegische Stadt vor der russischen Grenze, liegt voraus. Die Lage an der ehemals sowjetisch-norwegischen Grenze brachte Kirkenes fast fünfzig Jahre lang in eine politische und wirtschaftliche Randlage. Bis 1828 lag die Gemeinde noch im gemeinsamen norwegisch-dänisch-russischen Gebiet. Dank der Öffnung Russlands ist Kirkenes jetzt wieder Norwegens **Tor nach Osten**. Heute kann man ohne Probleme einen Tagesausflug nach Murmansk machen. Vier Kriege hat Kirkenes im 20. Jh. bereits erlebt: die russische Revolution 1917, den finnischen Bürgerkrieg 1918, den finnisch-russischen Winterkrieg 1939 und 1940 bis 1944 die deutsche Besetzung. Im Zweiten Weltkrieg war Kirkenes nach Malta die am stärksten bombardierte Gemeinde Europas. Die Erzgruben waren das Objekt der Begierde für alle Kriegsparteien.

Richtung Süden – eingeklemmt zwischen Finnland und Russland – liegt der Øvre Pasvik Nasjonalpark. Hier kann man an organisierten Touren mit Hunden oder Kanus teilnehmen. Der Nationalpark umfasst ein Areal von nur 63 qkm und bildet den nordwestlichen Ausläufer der sibirischen Taiga. Das Landklima sorgt für knackige Winter mit Temperaturen bis zu minus 40 °C und relativ warme Sommer mit bis zu 25 °C. Im Sommer muss man auf Mückenüberfälle gefasst sein. Daher sollte man, wenn man sich nicht allzusehr »verhüllen« will, genügend mückenabwehrende Lotionen im Gepäck haben.

Hotels/andere Unterkünfte

Rica Arctic Hotell Kirkenes
Direkt im Zentrum am Torget, dem Marktplatz, liegt eines der beiden Rica Hotels in Kirkenes. Es zielt mehr auf Geschäftsreisende als auf Touristen, doch preislich besteht kaum ein Unterschied.
Kongens gate 1–3; Tel. 78 99 29 29, Fax 78 99 11 59; 80 Zimmer
★★★ AmEx DINERS EURO VISA

Rica Hotell Kirkenes
Etwas erhöht liegt das »Touristenhotel« mit Blick auf Kirkenes und den Fjord. Hier beginnt die Europastraße 6. In unmittelbarer Nachbarschaft befindet sich das »Naherholungsgebiet« Førstevannet.
Pasvikveien 63; Tel. 78 99 14 91, Fax 78 99 13 56; 67 Zimmer
★★★ AmEx DINERS EURO VISA

Sehenswertes

Andersgrotta
Die Stadt erlebte 300 Bombenangriffe im Zweiten Weltkrieg. 100 000 deutsche Soldaten waren im Laufe des Zweiten Weltkrieges hier stationiert, um Murmansk einzunehmen. Die Zivilbevölkerung suchte Zuflucht in einem großen Tunnel, den man besichtigen kann. 2000 Menschen lebten über zwei Monate unter der Erde. In einem Video wird von der Besatzungszeit in Kirkenes berichtet.
Presteveien 19–21; Tel. 78 99 25 44; Mitte Juni–Mitte Aug. Führung tgl. 11, 15.30, 19.30 Uhr; Eintritt Erw. 40 nkr, Kinder frei

Essen und Trinken

Andreas
Andreas heißt das Restaurant des Kirkenes Gjestegård, in dem man auch übernachten kann. Die Karte enthält typische Gerichte der Region.
Dr. Wessels gate 3; tgl. 7–10 und 11–23 Uhr
★★ EURO VISA

Brasseriet Restaurant
Das Restaurant des Touristenhotels hat fast durchgehend auch für Gäste geöffnet, die nicht im Hotel wohnen. Freitags und samstags kommen auch die Einheimischen.
Pasvikveien 63; Mo–Fr 7–10 und 12–22.45 Sa und So 7.30–11 und 12–22.45 Uhr
★★ AmEx DINERS EURO VISA

Gamle Ritz
Das beste Pizzarestaurant der Stadt, in dem sich im Winter gelegentlich lokale Musiker zum Musizieren treffen.
Dr. Wessels gate 17; Mo–Do 15–23, Fr und Sa 11–2, So 15–24 Uhr
★★ AmEx DINERS EURO VISA

Am Abend

Gorbie Pub/Bistro

Der Pub mit dem Namen des früheren Generalsekretärs der ehemaligen KPdSU, Michael Gorbatschow, im Rica Arctic Hotell ist gemütliche Kneipe und empfehlenswertes Restaurant in einem. Ein überwiegend jüngeres Publikum erfreut sich am Wochenende an der Diskothek.
Kongens gate 1–3; Mo–Do 14–24, Fr und Sa 18–2, So 18–24 Uhr ★

Nye Ritz

In einer norwegischen Diskothek werden nicht nur Schallplatten aufgelegt, hier spielen Bands regelmäßig »lebende Musik«, wie die Norweger es nennen. Das Mindestalter beträgt abends 20 Jahre.
Dr. Wessels gate 17; Mi 20–24, Fr und Sa 21–2 Uhr

Rallar'n Pub

Kleine Gerichte in einer kleinen Kneipe mit großem Billardtisch.
Storgaten 1; So–Do 13–24, Fr und Sa 13–2 Uhr ★

Service

Kirkenes Touristinformation

Prestevegen 1; 9915 Kirkenes;
Tel. 78 99 25 44, Fax 78 99 60 87

Hurtigruten-Landausflug

Kirkenes liegt weiter östlich als Istanbul und auf einer Höhe mit Kiew in der Ukraine. Ein Gefühl für die östliche Lage bekommt man ein wenig auf der Bustour an die russische Grenze bei Storskog. Anschließend wird ein kurzer Blick auf die russisch-orthodoxe Kapelle von Boris Gleb geworfen. Ein Visum ist für die Tour nicht erforderlich. Dieser Ausflug ist nur an Bord buchbar.

Ziel in der Umgebung

Pasvik   ■ EF 15, S. 119

Die Straße den Fluss Pasvikelva entlang endet in Nichts. In dem norwegischen »Zipfel Land«, das sich zwischen Russland und den finnischen Inari-See schiebt, befindet sich nur noch der Øvre Pasvik Nasjonalpark, sonst nichts.

Service

AS Grenseland

Postboks 8; N-9900 Kirkenes;
Tel. 78 99 25 01, Fax 78 99 25 25

❶ MERIAN-Tipp

Pasvik Taiga In Pasvik, in der größtmöglichen Abgeschiedenheit, liegt eines der führenden Gourmet-Restaurants Norwegens. 1990 wurde die alte Touristenstation in ein Gourmet-Restaurant umgebaut. Weil die Gäste abends so schlecht wieder nach Hause kamen, entstand eine Pension. Sowohl die 20 Betten als auch die wenigen Plätze im Restaurant müssen ganzjährig im Voraus gebucht werden! Die Zimmer sind der Lage entsprechend ausgestattet. Eines wurde von russischen Handwerkern eingerichtet, ein anderes von finnischen und ein drittes von norwegischen Handwerkern. Svanvik/Skogfoss; Tel. 78 99 54 44, Fax 78 99 54 99; 7 Zimmer ★★★ AmEx EURO VISA
■ F 15, S. 119

Die »wilde« Natur ist zwar noch nicht gezähmt, doch hat die moderne Infrastruktur Norwegens das Leben für die Einheimischen bequemer gemacht. Die rauen Seiten der Natur, mit denen die Norweger vertraut sind, sind für Touristen zum Tummelplatz für Abenteuerurlaub geworden. Von der Gebirgswanderung bis zum Angelurlaub, vom Rafting bis zum Sommerski reichen die Angebote. Nur wenige sind so durch-

Am intensivsten erlebt man die norwegische Küste, wenn man sich aktiv in der Natur aufhält. Doch organisiert ist das Abenteuer längst nicht allerorten.

organisiert, wie man es aus anderen Urlaubsregionen kennt. Für die Norweger ist der Aufenthalt in der Natur eine Selbstverständlichkeit, warum also sollte eine künstliche Hilfestellung gegeben werden? Genau diese rustikale Einstellung schätzen viele Urlauber: Wanderwege, die man selbst suchen muss, Berghütten, in denen man das Geld für die Lebensmittel in eine alte Zigarrenschachtel legt, Angelplätze, wo nicht nebenan zehn andere Angler neidisch herüberschielen – das ist Aktivurlaub in Norwegen. Die Kehrseite der Medaille: Mitdenken muss in Norwegen jeder – aber bitte unauffällig.

Angeln

Meer, Seen, Flüsse, Bäche – die Angelmöglichkeiten scheinen in Norwegen unendlich zu sein. Voraussetzung ist der Erwerb der **fiskekort**, der örtlichen Angellizenz. Die **fiskeravgift** ist nur noch fällig, wenn man auf Lachs oder Meerforelle angelt. Ansonsten ist das Angeln im Meer

und an der Küste frei. Die **fiskekort** kann im Preis sehr unterschiedlich ausfallen. Sie ist vor Ort normalerweise in Sportgeschäften, auf Campingplätzen oder im Hotel, manchmal auch an Tankstellen zu bekommen.

Bergsteigen

Entlang der Hurtigruten-Strecke fallen vor allem die zackigen Berge der **Lofotwand** ins Auge, die Kletterern die unterschiedlichsten Schwierigkeitsgrade bieten. Eine interessante Alternative für Leute, die eher Bergwandern als Klettern im Sinn haben, sind die **Lyngs-Alpen** zwischen Tromsø und Lyngseidet. Norwegens berühmtestes Klettergebiet liegt im **Romsdalen** bei Åndalsnes. Der nächste Hurtigruten-Hafen ist hierzu Molde. Während der An- oder Abreise mit der Bergenbahn kann man eine Bergwanderung auf der **Hardangervidda** machen.

Gletscherwanderungen

Es gibt kaum etwas Faszinierenderes als den kalten Schliff der großen Gletscher. Schließlich wurde die norwegische Landschaft vom Eis der letzten Eiszeit geschaffen. An vielen Stellen in Norwegen sind die Gletscher zugänglich. Hurtigruten bietet einen Landausflug zum **Svartisen** an, dem zweitgrößten Gletscher Norwegens.

Für eine Gletscherwanderung benötigt man mindestens einen halben Tag Zeit. Sie sollte immer unter fachkundiger Führung stattfinden, nie allein! Auf dem Weg nach Bergen liegt mit dem **Folgefonn** Norwegens drittgrößter Gletscher. Im Sommer werden an Wochenenden von **Odda** aus Gletscherwanderungen organisiert. Wer sich Zeit für eine Rundtour zum Sognefjord lässt, hat an verschiedenen Armen des 487 qkm großen Jostedalsbre, beispielsweise am Nigardsbre im Jostedal oder bei Fjærland, dazu Gelegenheit.

Rad fahren

Das Fjordland mag auf den ersten Blick nicht gerade zum Rad fahren einladen. Wer jedoch gern Langstrecken mit dem Rad fährt und keine Angst vor·Steigungen hat, erlebt auf den kleinen Straßen Norwegen hautnah. Eigene Radwege sind die Ausnahme. An der Bahnlinie Oslo–Bergen liegt eine der populärsten Radstrecken des Landes: In drei Tagen folgt man von Geilo dem geschotterten Versorgungsweg der Bahn bis Voss über die Hardangervidda. Auf Hurtigruten besteht die Möglichkeit, das Rad mitzunehmen, eine besonders reizvolle Variante, die Reise ab und an zu unterbrechen. Im Norden ist das Fahren dann etwas leichter, dafür sind die Entfernungen von Ort zu Ort noch größer. Für die Lofoten gibt es einen eigenen Radwanderführer in Deutsch.

Rafting

Wildwasserfahrten mit dem Schlauchboot werden meist auf den Flüssen des Inlandes angeboten. Eine Ausnahme stellt das **Deep Sea Rafting** bei Svolvær auf den Lofoten dar, wo mit einem stabilen, großen Schlauchboot die raue See des Vestfjords »abgeritten« wird.

Wandern

Wandern heißt in Norwegen meist Bergwandern. Dabei darf man nicht auf ausgebaute und markierte Wanderwege hoffen. Eine gute **Wanderkarte**, im Fachhandel erhältlich, und ein **Kompass** gehören ebenso zur

Faszinierend nicht nur für Abenteurer ist eine Gletschertour. Man sollte sich allerdings immer einem fachkundigen Führer anschließen.

Grundausstattung wie eine vernünftige Notration Verpflegung und zweckmäßige, nicht zu leichte Kleidung. In Norwegen existiert in den Bergen ein gut ausgebautes Hüttennetz in Tagesabstand. Meist handelt es sich um Selbstversorgungshütten, die dem norwegischen Bergwanderverein **DNT** oder seinen regionalen Unterorganisationen gehören. Eine Mitgliedschaft im DNT ist auch für ausländische Urlauber sinnvoll, da die unbewirtschafteten Hütten teilweise Mitgliedern vorbehalten sind. Die schönsten Wandergebiete, die von Hurtigrutenhäfen aus zu erreichen sind, liegen auf der Hardangervidda, im norwegisch-schwedischen Grenzgebiet bei Narvik und auf der Finnmarksvidda. Eine ausführliche **Hüttenliste** ist erhältlich bei:

Den norske Turistforening (DNT)
Storgata 3, N-0101 Oslo; Tel. 2 28 22 28 00, Fax 2 28 22 28 01

Mit dem eigenen Wagen und mit öffentlichen Verkehrsmitteln kann man im Anschluss an die Postschiffreise das Land erkunden. Der nördlichste Bahnhof befindet sich in Narvik.

Die Lofoten, das sind steile, gezackte Gipfel, die bis zu 1000 Meter aus dem Meer emporragen. In Fredvang kann man die faszinierende Landschaft hautnah erleben (→ S. 88/89).

Lapplands Weite

Wer den eigenen Wagen bis **Kirkenes** mitgenommen hat, kann auf der Rückfahrt all das sehen, was auf der Fahrt entlang der Küste Finnmarks weitgehend verborgen blieb. Dazu zählt auch die samische Kultur in Lappland. Wer diese Rückreise-Variante wählt, sollte sich aber von vornherein darüber im Klaren sein, dass es sich nicht miteinander vereinbaren lässt, möglichst schnell nach Süden zu kommen und die Finnmark wirklich zu erleben.

Kirkenes

Eine Woche sollte man sich mindestens Zeit nehmen für Lappland, wie die alte Landschaftsbezeichnung für das Siedlungsgebiet der Samen in Norwegen, Schweden und Finnland lautet. Weitere drei bis fünf Tage sind je nach Route und Tageskilometern für die Rückfahrt nach Oslo oder Südschweden einzuplanen. Schneller als Hurtigruten ist man mit dem Auto kaum.

37 km **E6**

Neiden

Von Kirkenes fährt man die E6 nach **Neiden**. Neiden war ein Zentrum der Skoltesamer, einer Gruppe der Samen, die der griechisch-orthodoxen Kirche angehören. Davon zeugt die orthodoxe Georgs-Kapelle, die heute Museum ist.

285 km

E6 **Ins Land der Samen**

Karasjok

In **Karasjok**, dem »offiziellen« Zentrum der Samen in Norwegen, sind das samische Parlament und andere wichtige Institutionen angesiedelt. Das kulturelle Angebot ist dementsprechend gut ausgebaut: samische Rundfunkprogramme, eine samische Bibliothek, Galerie und Kunstzentrum sowie das Museum zur samischen Kultur und Geschichte sorgen für eine Aufrechterhaltung der samischen Kultur. Immerhin 85 Prozent der Bevölkerung dieser Gegend sprechen Samisch.

145 km

Um Karasjok herum ist die Rentierzucht noch immer der wichtigste Wirtschaftsfaktor. Das spürt man auch an Ostern, wenn das große Festival stattfindet (→ S. 100).

Kautokeino

Kautokeino, die nächste Etappe auf der Fahrt gen Süden, heißt auf samisch Guovdageaidnu – schwer auszusprechen für mitteleuropäische Zungen. Der Name bedeutet so viel wie »Lichtung im Wald, wo Gras wächst«. Samisches Kunsthandwerk kann man hier kaufen. In Kautokeino gibt es eine samische Hochschule, weiterführende Schulen sowie eine Fachschule, die in der Haltung von Rentieren unterrichtet. Die Gemeinde beschäftigt einen eigenen Dolmetscher, so dass die meisten Verwaltungsakte zweisprachig durchgeführt werden.

Über die Straße 93 geht es von Kautokeino durch einen schmalen Streifen finnischen Territoriums nach Schweden. An der E 8 angekommen, biegt man rechts nach Nordwesten ab, bis man nach rund 20 Kilometern bei **Kaaresuvanto** auf die schwedische Reichsstraße 45, den **Midnattsolsvägen**, trifft. Der »Mitternachtssonnenstraße« folgt man über Malmberget bis **Jokkmokk**, dem Zentrum der schwedischen Samen. Das samische **Museum Ajtte** ist sehenswert. Über Arvidsjaur gelangt man zur Küste, von wo aus man »immer geradeaus« bis Stockholm fahren kann.

Dauer: 7–9 Tage einschließlich Besuch in Jokkmokk
Karte: → S. 117–119

Kautokeino

93

93

145 km

E 8

Kaaresuvanto
45
301 km

Jokkmokk
1100 km
Stockholm

Auf den breiten, offenen Fjorden im Norden sind Alltag und Stress ganz weit weg.

Felsige Lofoten

Wer die Lofoten in aller Ruhe bereisen möchte, sollte das nordgehende Schiff in Stamsund, das zu den größten Ortschaften der Inselgruppe zählt, verlassen. Eine Vorbestellung des Quartiers ist wegen der abendlichen Ankunft ratsam. Am folgenden Tag hat man genügend Zeit, sich auf der Insel Vestvågøy umzusehen. Abstecher nach Mortsund, Ure oder Ballstad an der Südseite führen zu typischen Fischersiedlungen mit ihren roten Rorbuer. Leknes, das Verwaltungszentrum der Insel, ist wenig sehenswert, doch an der Nordwestseite der Insel hat man bei Utakleiv oder Eggum atemberaubende Ausblicke auf die zerklüftete Küste und das Nordmeer. Sie sind zu erreichen über die Straße 19, an der bei Borg das sehenswerte Wikingermuseum liegt.

Von Leknes geht es durch den mautpflichtigen Tunnel unter dem Nappstraumen hindurch auf die Insel **Flakstadøya**. Zu den gängigen Zielen gehört das Dorf **Nusfjord**, das über eine ausgeschilderte Nebenstraße zu erreichen ist. Das gesamte Dorfensemble wurde in die UNESCO-Liste des Weltkulturgutes aufgenommen. Die geschützte Bucht bildet einen natürlichen Hafen, um den sich die pittoresken bunten Holzhäuser gruppieren.

Zurück auf der einzigen Hauptstraße bietet sich ein kurzer Abstecher über die schmale Brücke nach **Fredvang** an. Von der Brücke aus hat man einen guten Blick in den **Selfjord** hinein. Der Wagen sollte aber unbedingt vor oder hinter der Brücke geparkt werden. Die Straße 19 verläuft weiter auf der geschützten Ostseite am Fuße der rund 800 Meter hohen Berge, die sich steil aus dem Meer erheben. Sie endet in Å, wo während der Hauptsaison doch einiges los ist.

Wanderung für geübte Bergwanderer – spektakuläre Aussicht inklusive

Im Sommer werden von Å aus Wanderungen zwischen den verlassenen Dörfern **Refsvik** und **Hell** auf der äußersten südlichen Spitze der Lofoten an-

Leknes
19 km
Nusfjord
E10
21 km
Fredvang
Selfjord
E10
34 km
Å

geboten. Es heißt zwar, dass es sich bei der Tour um den ehemaligen Schulweg der Kinder aus Refsvik gehandelt habe, doch sollte man deshalb die Wanderung nicht unterschätzen. Bergerfahrung ist Voraussetzung, da eine steilere Passage nur kletternd (und ohne Hilfsmittel) überwunden wird. Für die, die es können, bietet sich bei schönem Wetter ein sensationeller Ausblick auf den **Gezeitenstrom Moskenstraumen.** Wenn Wind, Meer und Gezeitenstrom gegeneinander arbeiten, entstehen wie aus dem Nichts meterhohe Wellen im Wasser! Hier beginnt Jules Vernes Reise »Zwanzigtausend Meilen unter dem Meer«.

Für den Rückweg benötigt man selbst mit allen Umwegen, Aussichtspunkten und Nebenwegen kaum mehr als einen Tag.

Die kleine Lofotenkirche steht inmitten unberührter Natur.

Dauer: 2–5 Tage
Karte: → S. 53

Zur Walsafari auf die Vesterålen

Die nächtlichen Ankünfte der nordgehenden Schiffe in Sortland und Risøyhamn sind nicht ideal, um in Richtung Andenes weiterzufahren. Entweder steigt man vom südgehenden Schiff nach Dreiviertel der Reise vormittags in Risøyhamn aus, oder man schließt mit dem Auto von Svolvær aus an die Lofoten-Rundreise an. Letzteres bietet den Vorteil, dass man mehrere der überaus sehenswerten Inseln der Vesterålen besuchen kann.

Svolvær ○
33 km
Fiskebøl ○

Melbu ○

16 km 🔟

Stokmarknes ○

32 km

Jennestad ○

821

41 km

Nyksund ○
Andenes

Von **Svolvær** aus fährt man auf dem Riksveg 19 bis **Fiskebøl**, wo die Fähre – sie verkehrt ungefähr alle 90 Minuten – nach Melbu ablegt. Die unsichtbare Verwaltungsgrenze zu den Vesterålen hat man schon zuvor an Land überschritten. In **Melbu** findet jeden Sommer ein eher familiäres Musik- und Kulturfestival statt, das über die Region hinaus Bedeutung erlangt hat. In **Stokmarknes** sollte man das kleine Hurtigrutenmuseum nicht verpassen. Wer in Sortland nicht die große Brücke von Langøya nach Hinnøya benutzt, sondern weiter Richtung Norden auf dem Riksveg 820 fährt, gelangt nach **Jennestad**, einem typischen Marktflecken des 19. Jahrhunderts. Der örtliche Kaufmannsladen ist samt den letzten Auslagen von 1960 originalgetreu erhalten geblieben.

Rund 50 Kilometer sind es von hier aus noch bis zu dem verlassenen Fischerdorf **Nyksund**, das über den Riksveg 821 nach Myre und weiter auf kleinen Sträßchen erreicht wird. Einst war Nyksund eines der größten und bedeutendsten Fischerdörfer Nordnorwegens. Doch der Hafen war nicht tief genug für die modernen Kutter und Trawler, die Absatzmärkte liegen zu weit entfernt. Mit dem Bau der Straße zogen die Leute fast alle weg, seit 1970 verfallen die meisten Häuser. Eine Gespensterstadt, die die Probleme der Region eindrucksvoll illustriert und das zu idyllische Bild, das man auf den Lofoten in Å oder Nusfjord bekommen hat, wieder geraderückt. Eine nennenswerte touristische Infrastruktur gibt es auf Langøya im übrigen nicht, genau das macht die Insel für Entdeckungen so reizvoll.

Um nach **Andenes** zu gelangen, muss man zurück nach Sortland und hinüber nach Hinnøya. Direkt am Ende der Brücke muss nach links in Richtung Risøyhamn und Andøya auf den Riksveg 82 abgebogen werden. Die 100 Kilometer bis Andenes ziehen sich hin, die Anwesen werden seltener. Die Landschaft wirkt nicht so schroff und unnahbar wie die Bergkette der Lofoten. Mit 300 bis 600 Metern sind die Berge deutlich niedriger als auf der benachbarten Inselgruppe.

Andenes ist vergleichsweise groß. Das liegt zum einen an dem großen Fischereihafen, aber auch am hier stationierten Militär und den Forschern der Universität Tromsø, die den Himmel über der nördlichen Hemisphäre erkunden. Andenes liegt als nordwestlichster Punkt der Inselgruppe dem unterseeischen Festlandssockel am nächsten. Deshalb kommen hier die Wale dem Land so nah. Von Andenes aus werden in der Sommersaison Walsafaris organisiert. Dazu ist es nicht nur hilfreich, wenn man seefest ist, man benötigt gelegentlich auch viel Zeit und Geduld. Die Schiffe laufen den Touristen zuliebe nur bei gutem Wetter aus. Wenn der Regen im Juli drei Tage querliegend über die Insel pfeift, heißt es warten, denn wer will so nah vor dem Ziel schon aufgeben. Bei Schlechtwetter ist man auf die örtlichen Sehenswürdigkeiten angewiesen. Es gibt neben dem Walzentrum noch das neue HISNAKUL-Kulturzentrum, eine Ausstellung zu Landschaft und Natur der Insel Andoya, die im Sommer 1995 eröffnet wurde. Der deutsche Künstler Raffael Rheinsberg schuf 1992 »Das Insel Museum«, eine Sammlung seiner Skulpturen. Wer im kleinen Polarmuseum und auf dem Leuchtturm von 1859 war, hat alle Sehenswürdigkeiten des Ortes gesehen. Sollten einmal die Wale bei einer Ausfahrt nicht mitspielen und sich partout nicht zeigen, darf man noch einmal mitfahren, ohne erneut bezahlen zu müssen.

Für die Rückreise bietet sich **Risøyhamn** als Zusteigehafen für Hurtigruten an, so dass man nicht die gesamte Strecke wieder an Land fahren muss.

Dauer: 3–5 Tage, bei Schlechtwetter länger
Karte: → S. 53

○ **Nyksund**
44 km
○ **Sortland**

109 km
82

○ **Andenes**

82

53 km

○ **Risøyhamn**

Hurtigruten für Interrailer

Ab Oslo mit der Bahn nach Bergen, Trondheim oder Bodø, dann aufs Schiff.

Für Interrailer und passionierte Bahnfahrer ist die Reisevariante gedacht, die die Schönheiten Nordnorwegens per Schiene und Schiff erschließt. Die Anreise per Bahn kann von Oslo aus entweder bis Bergen, bis Trondheim oder bis Bodø erfolgen. Dort wird auf den Postdampfer umgestiegen. Mit Hurtigruten macht man nun die Reise nach Kirkenes und zurück. Je nach Zusteigehafen lohnen Fahrtunterbrechungen auf den Lofoten, den Vesterålen oder in Tromsø. Dabei sollte man anhand des Fahrplans entscheiden, ob die nord- oder die südgehende Route für das jeweilige Reiseziel günstiger ist. Teilweise liegen die Ankünfte der Hurtigruten-Dampfer mitten in der Nacht. Für junge Leute bis 25 Jahre ist der Coastal Pass für Hurtigruten in der Nebensaison (Sept. bis April) die ideale Ergänzung zum Interrail-Ticket oder dem ScanRail-Pass (Letzterer auch für Ältere).

Zur Walsafari in Andenes fährt ein Bus ab Risøyhamn.

Die Walsafari in Andenes erreicht man mit dem Bus von Risøyhamn aus, das am späten Vormittag vom südgehenden Schiff erreicht wird. Für den Rückweg nutzt man Hurtigruten von Risøyhamn bis Svolvær. Wer die Lofoten ausführlicher besuchen möchte, kann mit dem Bus von Svolvær über Leknes nach Å fahren. Informationen über die aktuellen Abfahrtszeiten der Busse gibt das Touristbüro in Svolvær, das direkt am Hafen liegt.

Rückreise über Narvik, den nördlichsten Bahnhof Europas.

Für die Rückreise kann man entweder in Stamsund zusteigen und nach Bodø, Trondheim oder Bergen mit dem Schiff fahren. Eine interessante Alternative führt über den nördlichsten Bahnhof Europas in Narvik. Dazu muss man zunächst nach Svolvær zurück, per Bus oder per Hurtigruten (späte Ankunftszeit beachten!). Von Svolvær verkehrt ein Katamaran nach Narvik, wo Anschluss an die Erzbahn nach Schweden besteht. Mit der Erzbahn geht es über Kiruna in durchgehenden Zügen bis Stockholm.

Dauer: mindestens 10 Tage ab Oslo ohne Ausflüge

Durch den dramatischen Sognefjord

Für Eilige gedacht ist die schnellste Variante, einmal einen großen Fjord in Westnorwegen zu erleben. Da steigt man morgens in **Bergen** in den Katamaran, der mit 60 bis 70 Stundenkilometern durch die Inselwelt der Küste fährt, bis die Mündung des Sognefjords erreicht ist. Dann wird es dramatisch: Bis zu 1400 Meter steigen die Berge rechts und links des Fjordes auf, und unter einem ist das Wasser genauso tief. Und dann muss man auch noch das Schiff wechseln. Der Katamaran geht mitten auf dem Fjord bei der fahrplanmäßigen, kleinen Autofähre längsseits. Sie kommt von Kaupanger und tuckert mit ihren Gästen durch den immer enger werdenden **Aurlandsfjord** nach **Flåm**.

Sognefjord: 1400 Meter hohe Berge umgeben den tiefsten und längsten Fjord Norwegens, den »König aller Fjorde«.

In Flåm wartet eine der beliebtesten Attraktionen der Fjordküste: die **Flåmsbahn**. Europas steilste Normalspurbahn quält sich auf knapp 20 Kilometern Streckenlänge über 900 Höhenmeter, vorbei an Wasserfällen und grandiosen Aussichtspunkten, hinauf nach **Myrdal**. Dort besteht Anschluss an die Bergenbahn, die einen wieder zurück in die Hauptstadt des Fjordlandes bringt.

Die Fahrt mit der Flåmsbahn führt auf der 20 Kilometer langen Strecke nach Myrdal durch 20 Tunnel und überwindet knapp 900 Höhenmeter.

Die Reise ist ganzjährig auch in entgegengesetzter Richtung durchführbar. Von **Bergen** über Myrdal geht es bis Flåm mit der Bahn. Dann bringt Sie die Fähre durch den **Aurlandsfjord** und den **Nærøyfjord**, beides Arme des Sognefjords, nach **Gudvangen**. Mit dem Bus geht es eine Strecke hinauf, die man mit dem Fahrrad nicht schaffen würde: 20 Prozent Steigung weist die alte Straße namens Stalheimskleiva auf, die zum **Stalheim Hotel** hinaufführt, von dessen Terrasse man eine spektakulären Blick auf den Nærøyfjord hat. Mit dem Bus geht es weiter zur Kleinstadt **Voss**. Mit der Bergenbahn kehrt man in die Hansestadt zurück.

Herrliche Aussicht auf den Nærøyfjord: von der Terrasse des Stalheim Hotels.

Ein Bus fährt in den beliebten und idyllisch gelegenen Urlaubsort Voss.

Dauer: 1 Tag, mit dem Auto 2–3 Tage
Karte: → S. 112

Die praktischen Dinge des Lebens

sind in Norwegen einfach, solange man sich an Spielregeln hält. Dazu zählen Respekt vor der Natur und der strengen Gesetzgebung.

Am Hafen von Bergen, dem Start- und Zielort der Rundreise (→ Anreise, S. 96), bilden die Speicherhäuser und die Masten der Schiffe eine eindrucksvolle Kulisse.

Mit dem Auto und der Fähre

Wer mit dem Auto nach Bergen anreist, hat eine große Auswahl an Fährverbindungen von Deutschland oder Dänemark aus. Dem Ziel am nächsten kommt man mit **Fjord Line**, die von Hanstholm im dänischen Jütland abwechselnd nach Egersund in Südnorwegen oder nach Bergen im Fjordland fährt (6,5 Stunden/17 Stunden). Von Egersund aus bietet sich mit dem Auto die Route über die **Ryfylkeveien** genannte Reichsstraße **RV 13** und später am Hardangerfjord entlang an. Hier lohnen Abstecher zum Lysefjord und nach Sauda sowie zum Wasserfall Vøringsfoss bei Eidfjord. Alternativ dazu führt der **RV 1** an der Küste entlang. Das Kloster Utstein auf Mosterøy bei Stavanger sollte man auf dieser Strecke nicht verpassen (Egersund–Bergen 231 Kilometer).

Mit **Color Line** kommt man von Hirtshals in Dänemark nach Kristiansand (4,5/2,5 Stunden). Von dort aus kann man entweder alle Vegetationsstufen von der Küste bis zum Hochgebirge bei der Fahrt durch das Setesdal erleben oder eine der beiden reizvollen Strecken über Stavanger wählen (Kristiansand–Bergen 300 Kilometer). Weiter im Osten verkehrt **Color Line** von Frederikshavn in Dänemark nach Larvik (6,5 Stunden). Nach Bergen kommt man, indem man durch die Region Telemark und auf der **E 134** über die Hardangervidda zum Hardangerfjord fährt. Wer diese Route wählt, sollte einen Tag Zeit für eine Schiffsreise auf dem Telemark-Kanal einplanen (Larvik–Bergen 415 Kilometer).

Die Fahrt durch Dänemark kann man sich sparen, indem man die einzige **Direktverbindung** zwischen Deutschland und Norwegen mit Color Line wählt, die vom schleswig-holsteinischen Kiel nach Oslo führt (19 Stunden). Das längste Stück Strecke liegt dann in Norwegen (Oslo– Bergen 479 Kilometer). Wenig sinnvoll scheinen dagegen die Verbindungen von der dänischen Halbinsel Jütland nach Oslo zu sein, zumindest auf dem Hinweg.

Auf vier Rädern in den Süden

Wer das Auto auf dem Schiff bis Kirkenes mitnimmt, um auf dem Landweg nach Süden zu fahren, hat die Qual der Wahl: Am kürzesten ist es über Finnland, am einfachsten über Schweden und am fahrerisch anspruchsvollsten über Norwegen. Durch **Finnland** fährt man am besten über Ivalo und Rovaniemi, um dann über Kuopio oder Jyväskylä nach Helsinki zu gelangen. Von dort bestehen Fährverbindungen nach Rostock (Silja Line, nur im Sommer) und Stockholm (Viking Line und Silja Line) sowie nach Travemünde mit Finnlines. Mit nagelneuen Schiffen verbindet Superfast das 100 km von Helsinki entfernte Hanko mit Rostock. Wer über **Schweden** zurückfahren möchte, sollte die Chance nutzen, um das Land der Samen grenzübergreifend zu erkunden (→ Lapplands Weite, S. 86).

In **Norwegen** bleibt zumindest im Norden kaum eine andere Möglichkeit als die viel befahrene und teilweise schlecht ausgebaute **E 6**. Über Narvik, Bodø und Trondheim gelangt man in den »dickbäuchigen« Teil Norwegens. Alternativ zur E 6 sei hier der Schlenker über die Bergwerkstadt Røros empfohlen. Als Fährhafen kommen Oslo und Larvik in Frage.

Mit der Bahn

Eine Reise mit Hurtigruten lässt sich komplett mit öffentlichen Verkehrsmitteln durchführen, wie sie auch einige Veranstalter anbieten. Die Bahnstrecke von Oslo nach Bergen hat Anschluss an die morgendlichen Fährankünfte in Oslo (Color Line Ankunft von Kiel 9.30 Uhr) und die abendliche Abfahrt von Hurtigruten in Bergen (20/22.30 Uhr).

Natürlich kann man auch von Hamburg aus über Kopenhagen, Göteborg und Oslo mit der Bahn anreisen. Weniger empfehlenswert sind die Züge durch Jütland nach Frederikshavn und Hirtshals, da die Verbindungen meist umständlich sind und die Anschlüsse selten passen.

Bahnfahrer sollten nach dem **ScanRail-Pass** fragen, der in Norwegen, Schweden, Dänemark und Finnland gilt. Er gewährt 21 Tage lang unbeschränkt freie Fahrt auf allen staatlichen Bahnstrecken im Norden. Darüber hinaus gewährt ScanRail Rabatte auf die Fernbusse von **Norway Busspress**, was vor allem in Nordnorwegen von Bedeutung sein kann, sowie bei bestimmten Fährlinien und Hotels. Wer den Pass nur zu An- und Abreise benötigt, kann den preisgünstigeren **ScanRail-Flexi-Tarif** wählen, der an fünf ausgewählten Tagen innerhalb eines Zeitraums von 15 Tagen gilt.

Mit dem Bus
Das norwegische Busunternehmen **Sørlandsruta** betreibt in Zusammenarbeit mit der Deutschen Touring zweimal wöchentlich eine Fernbuslinie von Hamburg über Kristiansand nach Stavanger. Dort besteht die Möglichkeit, mit einem Expressboot durch die Inselwelt Fjordnorwegens nach Bergen weiterzureisen. Die Busreise dauert einen Tag, die dann fällige Übernachtung erfolgt komfortabler auf der Fähre.

Mit dem Flugzeug
Für Flüge von Deutschland nach Norwegen sind in erster Linie **SAS** und **Lufthansa**, die in der Star Alliance zusammenarbeiten, von Interesse. Die Flüge nach Bergen führen entweder über den neuen Osloer Hauptflughafen Gardermoen oder über Kopen-

hagen, wo direkter Anschluss nach Bergen besteht. Von Berlin aus fliegt zudem die norwegische Regionalfluggesellschaft **Widerøe** nach Oslo. Bei Anschlussflügen ist der **Visit-Scandinavia-Pass** (VISCA) von SAS ausgesprochen sinnvoll. Wer mit der skandinavischen Airline anreist, zahlt für jeden Anschlussflug nur 85 US $. Das lohnt vor allem bei Rückflügen von Kirkenes aus.

Auskunft

Norwegisches Fremdenverkehrsamt
Neuer Wall 41, 20354 Hamburg oder Postfach 11 33 17, 20433 Hamburg;
Tel. 01 80/5 00 15 48, Fax 0 40/22 71 08 15

Bevölkerung

Norwegen hat ungefähr 4,3 Mio. Einwohner, von denen rund 2 Mio. im Südosten wohnen. Die Bevölkerungsdichte beträgt im Durchschnitt zwar 13,3 Erwachsene pro qkm (Deutschland: 224 Erw. pro qkm), weist jedoch zwischen dem Süden und Norden des Landes große Unterschiede auf. Das heißt beispielsweise für Autofahrer im Hohen Norden: jede Tankstelle anlaufen, wer weiß, wann die nächste kommt (Reservekanister!).

Buchung

Eine Reihe von Veranstaltern hat Rundreisen mit Hurtigruten im Programm. Zu den Spezialveranstaltern gehören u. a.
Norwegische Schifffahrtsagentur NSA
Kleine Johannisstr. 10; 20457 Hamburg;
Tel. 0 40/37 69 30, Fax 36 41 77;
www.hurtigruten.de; info@hurtigruten.de

NSA ist der deutsche Generalagent für Hurtigruten. In der Schweiz wird dies erledigt von

Reisebüro Glur
Spalenring 111, CH-4009 Basel;
Tel. 00 41/(0) 61/2 05 94 94,
Fax 00 41/(0) 61/2 05 94 95

und in Österreich von
RUEFA Reisen
Mariahilferstr. 120, A-1070 Wien;
Tel. 00 43/(0)1/52 55 50,
Fax 00 43/(0)1/52 55 52 25

Kein Problem ist es, die komplette Rundreise mit den fakultativen Landausflügen zu buchen. Das kann fast jedes Reisebüro und die genannten Veranstalter. Machbar ist es auch, nur eine Strecke zu fahren und zurück zu fliegen. Sobald man den eigenen Wagen mitnehmen möchte, sollte man sich direkt an die Spezialveranstalter wenden.

Diplomatische Vertretungen

Botschaft der Bundesrepublik Deutschland
Oscarsgate 45, N-0258 Oslo;
Tel. 22 55 20 10, Fax 22 44 76 72

Konsulat der Bundesrepublik Deutschland ■ b 5, Klappe hinten
C. Sundts gate 60, N-5004 Bergen-Nordnes; Tel. 55 90 23 65,
Fax 55 23 20 60

Botschaft der Republik Österreich
Thomas Heftyesgate 19 – 21, N-0244 Oslo;
Tel. 22 55 23 48, Fax 22 55 43 61

Botschaft der Schweiz
Bygdøy Allé 78, N-0268 Oslo;
Tel. 22 43 05 90, Fax 22 44 63 50

Kgl. Norwegische Botschaft
Rauchstr. 1, 10787 Berlin; Tel. 0 30/5 05 00

Einkaufen

Seitdem Schweden und Finnland der EU beigetreten sind, sind Norwegen und Island die einzigen Länder im Norden, in denen Urlauber aus EU-Staaten tax-free einkaufen können. Nur für Schweizer hat sich nichts geändert. Die Formalitäten sind einfach. Beim Kauf wird die Ware versiegelt – sie darf erst nach der Ausreise benutzt werden – und ein Formular ausgefüllt, das die zu erstattende Summe der Mehrwertsteuer nennt. Bei der Ausreise lässt man sich den Betrag in bar zurückerstatten. Das Geld bekommt man beispielsweise an Bord der Fähren oder auf den Flughäfen ersetzt. An den wichtigen Straßen nach Schweden befinden sich ebenfalls Auszahlungsbüros. Dort muss man die versiegelte Tüte, den Tax-free-Scheck sowie den Personalausweis vorzeigen.

Aber was nützt es, wenn man einen Teil der Mehrwertsteuer erstattet bekommen kann und nicht weiß, was man kaufen soll? Waren, die entweder so originell oder so preiswert sind, dass es sich lohnt, sie in Norwegen zu erstehen, sind selten. Doch die Suche lohnt sich dennoch. Den obligatorischen Rentierpullover gibt es auch in klassischen Mustern ohne Vierbeiner. Dass **Strickwaren** sich auch als ausgesprochen modische Kleidungsstücke eignen, haben junge norwegische Designerinnen und Designer spätestens mit ihren Kreationen zur Olympiade in Lillehammer der Weltöffentlichkeit gezeigt. Eine sehr schöne Kollektion in Schwarzweiß fertigt der Traditionsbetrieb **Selbu**. Im Süden Norwegens, in der Region Telemark, erlebt seit einigen Jahren die traditionelle Skibekleidung eine Renaissance. Halblange Jacken und Kniebundhosen aus dunkelblauer, filzartiger Wolle werden mit hellem, naturfarbenem Leder abgesetzt. Dazu trägt man einen breitkrempigen schwarzen Hut. Immer mehr junge Skifahrer gehen so auf Tour. Die schicke Kollektion wird über die Kunsthandwerkervereinigung Husfliden vertrieben, die in mehreren Städten eigene Läden betreibt.

In der Finnmark genießt das Kunsthandwerk der Samen inzwischen auch öffentliche Förderung. In Kautokeino und Karasjok, die im Inland liegen, kann man **samischen Silberschmuck** kaufen. Gut sind auch die Messer (**tollekniv**), deren Griffe aus kunstvoll geschnitztem Holz oder Horn bestehen. **Rentierfelle** werden nicht nur im Hohen Norden feilgeboten, sondern nahezu überall in Norwegen. Wer behörnt nach Hause kommen möchte, kann auch Geweihe erstehen. Lederwaren aus dem geschmeidigen Elchleder sind eine Sünde wert.

Weiter im Süden ist die Rosenmalerei beheimatet. Holzarbeiten wie Schalen oder Trinkbecher werden mit Blumenornamenten versehen.

An den Figuren der **Trolle** scheiden sich die Geister. Über Geschmack lässt sich bekanntlich streiten. Sie verkaufen sich jedenfalls ausgesprochen gut. Ähnliches gilt für hölzerne Wikingerschiffe und -figuren und Käsehobel. Aufmerksam sollte man in Museen und bei bestimmten Juwelieren sein. Es gibt inzwischen mehrere Firmen in Skandinavien, die sich auf originalgetreue Reproduktionen von Schmuck aus der Wikingerzeit spezialisiert haben.

Angler sollten ein dickes Portemonnaie einstecken, wenn sie ein norwegisches Fachgeschäft für **Angelausrüstung** betreten. Die Auswahl ist in der Regel sehr umfangreich und preislich attraktiv. Ähnliches gilt für andere Sportarten: So sind Skiausrüstung oder Trekkingbekleidung vielleicht nicht billiger als daheim, aber das Angebot umfasst Produkte, die man anderswo nur selten bekommt.

Eintrittspreise

Die Eintrittspreise für Museen und andere Sehenswürdigkeiten liegen zwischen 20 und 60 nkr für Erwachsene. Kinder bezahlen normalerweise die Hälfte. In Bergen gewährt die Bergen-Karte freien oder stark ermäßigten Eintritt zu fast allen Museen und Sehenswürdigkeiten.

Feiertage

1. Januar	Neujahrstag
Gründonnerstag	
1. Mai	Tag der Arbeit
17. Mai	Nationalfeiertag
Christi Himmelfahrt	
Pfingsten	
25./26. Dezember	Weihnachten

Ferien

Die norwegischen Schulferien dauern ungefähr 8 Wochen, von Mitte Juni bis Mitte August. In dieser Zeit ist Norwegen geschlossen – an der Hotelrezeption, in der Touristinformation und im Restaurant arbeiten Schüler und Studenten. Zusätzlich gibt es eine Woche Winterferien Mitte Februar sowie kurze Osterferien.

Fernsehen

Nach Jahrzehnten mit nur einem – zudem moralinsauren – Fernsehprogramm dürfen die Norweger seit 1992 nun auch **TV2** sehen. Im selben Jahr erreichte das staatliche erste Programm von **NRK** aufgrund der schwierigen geographischen Gegebenheiten erstmalig eine hundertprozentige Flächendeckung in Norwegen. Darüber hinaus gibt es mehrere private Satellitenprogramme, die meist gesamtskandinavisch ausgerichtet und längst nicht überall zu sehen sind. Spielfilme und Serien werden als Originale mit Untertiteln gezeigt.

Feste und Festspiele

Januar
Nordlichtfestival
Wenn in Tromsø im Januar das Nordlichtfestival gefeiert wird, kommt angeblich die Sonne zum ersten Mal wieder für fünf Minuten über den Horizont. In der Regel ist dies ein theoretischer Wert. Vier Tage mit klassischer Musik markieren die Rückkehr aus der Dunkelzeit. Sofern Schnee liegt, findet gleichzeitig ein Schneeskulpturen-Festival für Kinder auf den Straßen Tromsøs statt.

März
Weltmeisterschaft im Dorsch-Angeln
Die zweitägigen Weltmeisterschaften in Svolær auf den Lofoten sind inoffiziell. Trotzdem kommen 200 bis 300 Teilnehmer aus dem In- und Ausland zu der Veranstaltung. Einziges Problem: Wenn die Lofotfischerei noch nicht beendet ist, benötigen die Berufsfischer ihre Schiffe selbst. Dann müssen die Amateure zusammenrücken an Bord der verbliebenen Boote. Das Ereignis endet mit einem großen Festessen mit Meeresdelikatessen.

April
Karasjok Oster-Festival
Das traditionelle Fest der Samen findet an Ostern statt. Die Rückkehr des Frühlings wird gefeiert, wenn noch tiefer Schnee liegt. Besonders beliebt ist es, an Ostern zu heiraten. Die samischen Hochzeiten finden in der Regel in Tracht statt, was ein buntes Bild abgibt. Konzerte, Ausstellungen mit samischen Künstlern sowie ein samischer Markt runden das Oster-Festival ab.

Mai
Internationale Festspiele Bergen
Seit 1951 finden die Internationalen Festspiele in Bergen statt. Konzerte, Theateraufführungen im Schauspielhaus **Den Nationale Scene** und Ballettaufführungen gehören zum offiziellen Programm. Daneben gibt es während der zweiwöchigen Festspiele gleichzeitig viele kleinere Konzerte von Jazz bis Rock.

Juni
Bestemorfestival
Mit Bestemor, der »besten Mutter«, ist die Oma gemeint. In Bodø findet jedes Jahr am letzten Wochenende im Juni das Oma-Festival statt. Die Omas sollen hier als »Kulturträger« gefeiert werden. Die Omas machen nicht nur einen Umzug durch die Stadt, nein, sie veranstalten auch ein Fußballturnier und treffen sich auf Seminaren zu Themen, die Großmütter eben so bewegen. Opas und

❶ MERIAN-Tipp

Nationalfeiertag **17. Mai**
Am 17. Mai 1814 wurde die erste norwegische Verfassung verabschiedet und Norwegen damit nach rund 500 Jahren dänischer Herrschaft selbstständig. Der norwegische Nationalfeiertag wird seitdem groß gefeiert. Es ist ein arbeitsfreier Tag, und die gesamte Bevölkerung ist auf den Straßen mit der Nationalflagge in der Hand. Erstaunlich, wie viele Menschen auch in den Städten ihre Tracht tragen. Umzüge werden in jeder Stadt und jedem Dorf arrangiert. Daran nehmen nicht nur brave Kindergärten und Schulklassen, blecherne Blaskapellen und stolze Honoratioren teil, sondern auch ausgelassene Abiturienten, die ihren Schulabschluss zünftig begießen. Der 18. Mai dient der kollektiven Ausnüchterung.

Enkelkinder dürfen auch mitkommen.

Nattjazz

Das »Nachtjazz«-Festival in Bergen bietet zwei Wochen lang Anfang Juni Jazz vom Feinsten. Aufgrund der guten internationalen Besetzung sind manche Konzerte Wochen im Voraus ausverkauft. Dann bleibt einem nichts anderes übrig, als auf die zahlreichen kostenlosen Konzerte in den Straßen der Innenstadt von Bergen auszuweichen.

St. Hans Aften

Das norwegische Mittsommernachtsfest wird überwiegend privat gefeiert. Im ganzen Land werden große Johannisfeuer an den Ufern von Fjorden, Seen oder auf größeren Plätzen angezündet.

Juli
Molde Jazzen

Das Internationale Jazzfestival in der »Rosenstadt« Molde kann sich alljährlich auf eine Spitzenbesetzung freuen. In die Kleinstadt kamen seit 1961 selbst Spitzenmusiker wie Miles Davis, Oscar Peterson, Keith Jarrett und Dizzy Gillespie. Mit rund 60 Veranstaltungen in der Woche, meist ist es die letzte Juliwoche, sind die Tage (und die Nächte) in Molde mehr als ausgefüllt.

Das Spiel um den Heiligen Olav

In Stiklestad, 90 km nordöstlich von Trondheim, fiel im Jahr 1030 der später zum Nationalheiligen ernannte König Olav Haraldsson. Jedes Jahr Ende Juli wird auf einer Freilichtbühne das »Spiel um den Heiligen Olav« aufgeführt, das die Geschichte in Szene setzen möchte. Um die kämpfenden Wikinger in der Schlacht bei Stiklestad zu verstehen, braucht man bei diesem farbenprächtigen Theater kein Norwegisch.

Dezember
Luciafest

Es wird am 13. Dezember vor allem in Kindergärten, Schulen und in den Familien gefeiert. Wichtiger ist für die Norweger aber ihr geregeltes »Julebord«. Keine Firma, kein Verein verzichtet auf das gemeinsame vorweihnachtliche Essen.

FKK

Die Temperaturen legen FKK nicht unbedingt nahe. Es ist weder verboten noch erlaubt, doch sind die Norweger weitaus prüder, als man bei einem skandinavischen Land annimmt. Für die Sauna, die fast immer nach Geschlecht getrennt genutzt wird, sollte man sich lieber vorher erkundigen, ob Badeanzug oder Badehose als schicklich empfunden werden.

Fotografieren

Fotografieren ist normalerweise erlaubt, von wenigen Ausnahmen abgesehen. Dazu gehören einige Stabkirchen (z. B. Urnes am Sognefjord) und ein paar Museen. Strikt verboten ist es auf allen Flughäfen, die auch militärisch genutzt werden. Dazu zählen u. a. Bodø, Evenes und Andenes.

Geld

Die norwegische Währung ist die Norwegische Krone (nkr). 100 Øre sind eine Krone, 100 nkr sind 14 € (Stand Juli 2002). Es gibt 1000-, 500-, 100- und 50-Kronen-Scheine sowie 10-, 5-, 1-Kronen-Münzen und 50-Øre-Münzen.

Internet

www.hurtigruten.com
Die norwegische Website präsentiert alle Schiffe, den Routenverlauf und vermittelt einiges Wissenswerte über

Hurtigruten früher und heute. Die Texte sind in Norwegisch und Englisch verfügbar. Deutschsprachige Informationen gibt es unter www.hurtigruten.de.

www.visitnorway.com
Man kann Broschüren bestellen und Tourenvorschläge einsehen. Die Basis-Informationen werden gegeben, eine Suchmaschine ist nur auf Englisch verfügbar.

www.fjordnorway.com
Das regionale Verkehrsamt in Bergen hat eine brauchbare Site erstellt. Die Funktionalität könnte besser sein.

Kleidung

Eine ordentliche Windjacke gehört ebenso ins Gepäck wie ein warmer Pullover und stabiles Schuhwerk. Verzichtbar ist der Regenschirm: So windstill, dass er von Nutzen wäre, ist es selten. Dagegen ist eine Regenhose für Wanderer unabdingbar. Deutsche Urlauber neigen dazu, sich in Norwegen in zünftigem Outdoor-Look zu präsentieren. Das mag im Freien seine Berechtigung haben, im Restaurant ist es unangebracht. Es ist in Norwegen üblich, sich selbst in biederen Mittelklasserestaurants zum Abendessen umzuziehen. Jackett und Krawatte gehören in guten Restaurants einfach dazu, selbst für die Hotelbar wird ein gewisser Schick erwartet. Wer nicht als Tourist auffallen möchte, packt als Mann eine Krawatte ein. Für Damen sind die Etiketteregeln weniger streng.

Auf Hurtigruten gibt es keine Kleidungsvorschriften. Unerwünscht sind Shorts und Badelatschen beim Essen oder im Salon – aber wann ist es schon einmal so warm, dass dazu Gelegenheit bestünde? Kreuzfahrtmäßiges zwei- bis dreimaliges Umziehen ist nicht erforderlich und kann komisch wirken.

Wechselkurse

N Kronen	EU Euro	CH Franken
1	0,14	0,20
2	0,28	0,39
5	0,70	0,98
10	1,40	1,95
20	2,80	3,90
30	4,20	5,90
50	7,00	9,80
100	14,00	19,50
250	35,00	48,80
500	70,00	97,60
750	105,00	146,40
1 000	140,00	195,10
3 000	420,00	585,40

Nebenkosten
(umgerechnet in Euro)

1 Tasse Kaffee........1,25–1,60

1 Bier
an Hotelbar 6,00–6,50

1 Cola.................1,50–2,10
(Flasche)............2,20–3,70

1 Brot (ca. 500 g)............2,70

1 Schachtel
Zigaretten 8,20

1 Liter Benzin
(Normal) 0,95–1,10

Mietwagen/Tag (VW Golf, freie Kilometer) ....ca. 75,00

Stand: Juli 2002

Medizinische Versorgung

Medikamente sind in Norwegen nur in Apotheken erhältlich, viele nur auf Rezept. Täglich benötigte Medikamente sollte man besser von zu Hause mitnehmen. Nachdem Norwegen 1994 als letztes europäisches Land ein Sozialversicherungsabkommen mit Deutschland unterzeichnet hat, benötigt man nur das **E-111-Formular** der deutschen Krankenkassen, um in Norwegen freie Heilfürsorge zu bekommen.

Mitternachtssonne

Nördlich des Polarkreises (66,5 Grad nördlicher Breite) scheint die Sonne in den Sommermonaten tage- und wochenlang ununterbrochen, je nachdem, wo man sich befindet. Je weiter nördlich man kommt, desto größer ist die Zahl der Nächte, in denen die Sonne nicht untergeht. So ist die Mitternachtssonne in folgenden Orten zu sehen, wenn es nicht bedeckt ist oder regnet:

Bodø	4.6.–8.7.
Lofoten	28.5.–15.7.
Narvik	25.5.–18.7.
Nordkap	12.5.–31.7.
Tromsø	20.5.–22.7.

Die Kehrseite der Medaille: Ein jeweils gleich langer Zeitraum ist im Winter rund um den kürzesten Tag des Jahres (21.12.) völlig ohne Sonnenauf- oder -untergang. Bei Winterreisen mit Hurtigruten sollte man dies bei der Planung berücksichtigen. Ab dem 21. März ist der Norden dann wieder im Vorteil.

Notruf

In Norwegen gelten einheitliche Notrufnummern:

Feuerwehr	110
Polizei	112
Ambulanz	113

Öffnungszeiten

Banken und Sparkassen haben in der Regel von 8–15.30 Uhr geöffnet. Keine Mittagspause. Geschäfte kennen kein Ladenschlussgesetz. Supermärkte haben oft bis 20 Uhr geöffnet, während kleinere Läden häufig schon um 16 Uhr schließen.

Politik

Die Staatsform des Königreichs Norwegen ist die konstitutionelle Monarchie. Doch König Harald V. und Königin Sonja nehmen nur repräsentative Aufgaben wahr. Die Verantwortung liegt beim Parlament, dem **Storting**, das alle vier Jahre gewählt wird, und der Regierung. Einen eigenen König erhielt Norwegen erst wieder 1905, als die Union mit Schweden einseitig aufgelöst wurde. Zuvor gehörte Norwegen fast 600 Jahre zu Dänemark. Faktisch sah das so aus, dass Norwegen von Kopenhagen aus wie eine unmündige Provinz regiert wurde. Im Kieler Frieden von 1813 musste Dänemark seine »Provinz« Norwegen an Schweden abtreten. Am 17. Mai 1814 gaben sich die Norweger ihre erste eigene Verfassung. Der Nationalfeiertag am 17. Mai wird noch immer überschwenglich als Tag der Befreiung gefeiert.

Manche Historiker erklären die Abneigung der Norweger gegen die Europäische Union gerade mit der als Zwangsherrschaft empfundenen Verbindung mit Dänemark und Schweden. 1994 stimmten die Norweger in einer landesweiten Volksabstimmung zum zweiten Mal gegen einen EU-Beitritt, nachdem sie bereits 1972 nein gesagt hatten. Beide Male betrug das Ergebnis ungefähr 52 % Nein- und 48 % Ja-Stimmen.

Post

Postämter sind von Mo bis Fr von 8 oder 8.30 Uhr bis 16 oder 16.30 Uhr geöffnet, am Sa von 8 bis 13 Uhr. **Briefmarken** gibt es auch an Kiosken und manchmal in Schreibwarengeschäften. Die **gelben** Briefkästen sind für Post innerhalb der Stadt oder der Region bestimmt, während die **roten** für die landesweite oder internationale Post gedacht sind.

Rauchverbot

In allen öffentlichen Gebäuden und Verkehrsmitteln ist das Rauchen untersagt. Restaurants, Cafés und Bars sind verpflichtet, separate Räume oder Sektionen für Nichtraucher einzurichten. Es gilt als überaus unhöflich, in Hotelrestaurants beim Frühstück zu rauchen.

Reisedokumente

Für Aufenthalte bis zu 3 Monaten in Skandinavien genügt für deutsche, Schweizer und österreichische Staatsbürger der **Personalausweis**. Für diejenigen, die einen Ausflug nach Murmansk unternehmen wollen, ist ein **Reisepass** erforderlich. Das notwendige **Visum** für Russland ist in Kirkenes erhältlich. Benötigt werden drei Passfotos.

Reisewetter

Das Wetter an der norwegischen Küste ist maritim – soll heißen: Es regnet gern und oft. Bergens Niederschlagsmenge ist zweieinhalbmal größer als die von Hamburg oder München. Kein Wunder, denn die Wolken, die durch den Westwind vom Meer an Land getrieben werden, müssen auf rund 2000 m Höhe steigen. Sorgfältig entleert, steigt es sich besser.

Die Durchschnittstemperaturen klingen zwar recht niedrig, doch kann man in lauschigen Ecken eines Fjords im Sommer durchaus mit südlichen Temperaturen rechnen.

Die genauen Klimadaten von Bergen

		Januar	Februar	März	April	Mai	Juni	Juli	August	September	Oktober	November	Dezember
Durchschnittl. Temp. in °C	Tag	1,5	3,5	6,1	9,1	14,3	16,6	17,0	18,5	15,2	8,1	7,6	5,2
	Nacht	-0,5	-0,8	0,5	3,1	6,8	9,7	12,3	12,0	9,6	6,1	3,5	1,4
Sonnenstunden pro Tag		0,5	1,9	4,1	4,8	6,3	7,0	5,4	4,7	3,5	2,0	0,8	0,3
Regentage		16	14	12	14	11	13	15	14	17	19	16	18

Quelle: Deutscher Wetterdienst, Offenbach

	Juli	Okt.	Januar
Bergen	17,0	8,1	1,5
Bodø	12,4	6,0	- 2,6
Tromsø	11,2	3,5	- 4,7
Trondheim	15,8	5,2	- 3,3
Vardø	9,4	3,1	k. A.

Rundfunk

Das deutschsprachige Programm des Deutschlandfunks ist auf Langwelle 153 kHz und auf Mittelwelle 1269 kHz je nach geographischer Lage zu empfangen. Im ersten Programm des Norwegischen Rundfunks NRK wird täglich zwischen 9.15 und 9.30 ein englischsprachiger Wetterbericht gesendet.

Sprache

In Norwegen gibt es mindestens zwei Schriftsprachen. Sie heißen **Bokmål** (»Buchsprache«) und **Nynorsk** (»Neunorwegisch«). Bokmål wird eher im Süden in den Städten benutzt, Nynorsk auf dem Lande oder im Norden. Alle Schulkinder müssen beide Amtssprachen lernen. Daneben haben aber die Dialekte eine starke Position erlangt, so dass die Rechtschreibnorm in einigen Landesteilen de facto außer Kraft ist. Das geht so weit, dass selbst staatliche Museen in der Beschilderung dialektal schreiben.

An Fremdsprachen werden Englisch und Deutsch am häufigsten gesprochen. Alle Filme im Fernsehen und im Kino werden in der Originalfassung mit Untertiteln gesendet. Populärster »Deutschlehrer« ist Horst Tappert alias Derrick, eine der beliebtesten Krimiserien Norwegens.

Stromspannung

220 Volt/Wechselstrom. In Badezimmern sind nur 110 Volt-Steckdosen üblich.

Telefon

Telefonieren kann man von öffentlichen Telefonzellen aus oder in den Telegrafenämtern. Post und Telekom sind in Norwegen zwei getrennte Institutionen. Für Ferngespräche sollte man die Telefonzellen in größeren Städten aufsuchen, man zahlt am Ende des Gesprächs, ohne lästigen Münznachwurf.

Seit 1993 existieren keine Vorwahlnummern mehr innerhalb Norwegens. Jeder Teilnehmer hat eine achtstellige Rufnummer, die die Ortsnetzkennzahl enthält.

In Norwegen gibt es zwei Mobilfunknetze: Telenor und NetCom. Mobiltelefone gehören längst zum Alltag, nicht zuletzt aufgrund der weiten Entfernungen und der dünnen Besiedlung. Entlang der wichtigsten Straßen bekommt man meist ein Netz, im Gebirge kann es schwierig werden.

Ländervorwahlen
N → D: 00 49
N → A: 00 43
N → CH: 00 41
D, A, CH → N: 00 47

Trinkgeld

Die Bedienung ist im Preis aller Serviceleistungen enthalten. Im Restaurant, im Taxi und an Bord von Hurtigruten ist es üblich, die Summe aufzurunden.

Verkehrsverbindungen

Das Auto an Bord zu nehmen macht nur dann Sinn, wenn man die Fahrt unterbrechen möchte oder von Kirkenes auf dem Landweg zurückkehren will. Ansonsten steht der Wagen besser zu Hause oder in Bergen im Parkhaus.

Wer den Wagen mitnehmen möchte, muss rechtzeitig und gründlich planen. Auf den modernen Schiffen ist die Mitnahme des Wagens grundsätzlich möglich, mit Stellplatzhöhen von bis zu 2,50 Meter sind sie sogar für kleine Wohnmobilde geeignet. Alle Hurtigen-Schiffe verfügen über eine seitliche Rampe zum Be- und Entladen. Jedoch sind mit 40 bis 50 Autos pro Tag die Kapazitäten beschränkt, vor allem Reisen in den drei Sommermonaten müssen sehr früh gebucht werden. Man braucht keineswegs die komplette Rundreise über einen Veranstalter zu buchen, denn Hurtigruten ist ein öffentliches Verkehrsmittel.

Wer schon öfter in Norwegen war, weiß, dass es zahlreiche wenig bekannte Fjorde gibt, die den berühmten Fjorden in nichts nachstehen und sich am besten mit dem eigenen Wagen erkunden lassen. Die **Fahrtunterbrechungen** sollten jedoch besser mehrtägig sein. Teils ist es technisch nicht möglich, teils ist es mit zu hohem Aufwand verbunden, beispielsweise in Trondheim mit dem Wagen das Schiff zu verlassen, um während der sechsstündigen Liegezeit eine kleine Spritztour zu unternehmen. Für junge Leute zwischen 16 und 25 Jahren bietet Hurtigruten in der Nebensaison vom 1. September bis zum 30. April den **Kystpass** bzw. **Coastal Pass** an. Dieses Ticket ist nur in Norwegen erhältlich und gilt 21 Tage. Fahrtunterbrechungen sind beliebig oft möglich. Kabinen können nicht im Voraus, sondern nur an Bord gebucht werden.

Man muss aber nicht unbedingt den eigenen Wagen dabei haben, denn es werden eine Reihe von **Landausflügen mit dem Bus** angeboten. Einige stehen ganzjährig im Programm, die meisten werden aber nur von April oder Mai bis September angeboten. Allerdings sind die Touren meist kurz, da man das »eigene« Schiff spätestens im folgenden Hafen ja wieder erreichen muss. Zu den 13 Touren zählen Fahrten durch die Fjordlandschaft zwischen Molde und Kristiansund, der obligatorische Nordkapbesuch oder eine Tour entlang der norwegisch-russischen Grenze bei Kirkenes.

Entfernungen (in km) zwischen Orten der Postschiffroute

	Andenes	Bergen	Bodø	Hammerfest	Kirkenes	Kristiansund	Tromsø	Trondheim	Vardø	Ålesund
Andenes	–	1945	605	895	1280	1500	490	1205	1275	1555
Bergen	1945	–	1480	2320	2700	560	1915	745	2695	390
Bodø	605	1480	–	895	1050	1030	560	725	1350	1075
Hammerfest	895	2320	895	–	500	1870	445	1575	495	1925
Kirkenes	1280	2700	1050	500	–	2250	800	1955	240	2310
Kristiansund	1500	560	1030	1870	2250	–	1465	295	2250	160
Tromsø	490	1915	560	445	800	1465	–	1170	935	1520
Trondheim	1205	745	725	1575	1955	295	1170	–	1955	350
Vardø	1275	2695	1350	495	240	2250	935	1950	–	2305
Ålesund	1555	390	1075	1925	2310	160	1520	350	2305	–

VERKEHRSVERBINDUNGEN – ZOLL
Platzhalter

Verkehrsvorschriften

In Norwegen muss auch tagsüber mit Abblendlicht gefahren werden. Es besteht Anschnallpflicht auf den Vorder- und Rücksitzen. Die Höchstgeschwindigkeit beträgt außerhalb geschlossener Ortschaften 80 km/h und innerhalb der Ortschaften 50 km/h. Besonders hart geht man mit Alkoholsündern um. Der Grenzwert liegt bei 0,2 Promille. Auf Bergstrecken sollte man Lastwagen und Bussen mit Vorsicht begegnen. Ausweichstellen auf schmalen Straßen sind mit einem weißen M auf blauem Grund ausgeschildert.

Norges Automobil Forbund (NAF)

Stortingsgaten 2, N-0155 Oslo;
Tel. 22 34 14 00, Fax 22 33 13 72,
Notruf 81 00 05 05

Bus und Bahn

Ein preiswertes, bequemes Verkehrsmittel ist die **Bahn**, die gute Anschlüsse an Hurtigruten in Bergen, Trondheim und Bodø hat. Der nördlichste Bahnhof Europas in Narvik ist nur über Schweden zu erreichen. Quer durch das Land zieht sich das Netz der **Überlandbusse** von **Norway Bussekspress**. Dies ist die preiswerteste Reiseform in Norwegen.

Wirtschaft

Norwegen war über Jahrhunderte ausschließlich von Landwirtschaft und Fischfang geprägt. Der schnelle Umbruch von einem traditionellen Agrarstaat zum modernen Wohlfahrtsstaat und zur erfolgreichen Industrienation ging nicht überall schmerzlos vonstatten. Die Industrialisierung begann in nennenswertem Umfang erst zu Beginn des 20. Jh., doch aufgrund der geographischen Gegebenheiten dauerte es in abgeschiedenen Tälern teilweise bis in die fünfziger Jahre, bis die

Neuzeit in Form von Traktoren, Autos oder Radios Einzug hielt. Die Erschließung der Wasserkraft zu Beginn des 20. Jh. eröffnete vor allem der Schwerindustrie neue Perspektiven. Billiger Strom bedeutete günstige Produktionsbedingungen für Stahl- und Legierungswerke, von denen es an den Fjorden Westnorwegens einige gibt. Norwegen liefert Strom u. a. nach Dänemark und Deutschland. Wichtigste Exportartikel bleiben aber Öl und Gas. Seit den ersten Ölfunden in der Nordsee vor Norwegen Ende der sechziger Jahre lebt der Staat zu einem Gutteil vom »schwarzen Gold«. Ein weiterer wichtiger Wirtschaftszweig hat wiederum mit dem wichtigsten Element der Norweger zu tun: mit dem Wasser. Schiffsbau und Schifffahrt haben bei solch einer langen Küstenlinie Tradition. Die viertgrößte Handelsflotte der Welt läuft unter norwegischer Flagge. Im Schiffbau hat man sich mit Erfolg vor allem auf avancierte Lösungen im Off-shore-Bereich spezialisiert.

Zeitungen

Überregionale Titel sind die Boulevardblätter *VG* und *Dagbladet*, in denen die norwegische Nabelschau überwiegt. Internationalen Standards genügen die beiden größten Abonnementszeitungen *Aftenposten* aus Oslo und *Bergens Tidende*. Deutschsprachige Zeitungen sind mit der üblichen Verspätung an den durch ein großes N erkennbaren **Narvesenkiosken** erhältlich.

Zoll

Norwegen ist als Nicht-EU-Land dem Schengen-Abkommen beigetreten. Passkontrollen fallen in der Regel weg, die Zollbestimmungen aber bleiben und werden stichprobenartig kontrolliert.

ca. 9000 v. Chr.
Altsteinzeit. Erste Spuren von Menschen in Norwegen.

4000–1500 v. Chr.
Jungsteinzeit. Außer Fischern, Jägern und Sammlern gibt es nun auch einige Bauern, die Ackerbau und Viehzucht betreiben. Das Klima wird milder. Korn wird sogar auf den Lofoten angebaut.

1500–500 v. Chr.
Bronzezeit. Wachsende Kontakte mit Ländern im Süden. Gräber und Felszeichnungen aus jener Zeit sind heute noch vorhanden.

0–400 n. Chr.
Römerzeit. Viele leben vom Ackerbau und der Viehzucht.

783–ca. 1050
Die Plünderung des Klosters Lindisfarne auf Holy Island markiert den Beginn der Wikingerzeit. Da die Wikinger neues Land benötigen, nehmen sie die Orkneyinseln, Shetland, Isle of Man und die Hebriden ein und betrachten Grönland, Island, Irland und Schottland als einen Teil des norwegischen Territoriums. Die als Plünderer bekannten Wikinger treten jedoch allmählich als reine Handelsleute auf.

ca. 885
Harald Schönhaar (865–933) besiegt bei der Schlacht am Hafrsfjord die südwestnorwegischen Kleinkönige und ist somit der erste König, der Norwegen zu einem Reich sammelt.

1030
König Olav II. Haraldsson (Heiliger Olav, 995–1030) christianisiert Norwegens Bevölkerung und stärkt somit die Macht des Königs. Er fällt 1030 in der Schlacht bei Stiklestad und wird später zum Heiligen erklärt.

1260
Das norwegische Reich hat nun seine größte Ausdehnung – von Isle of Man und Island im Westen bis Jämtland und Herjedalen (heute schwedisch) im Osten.

1397–1814
Union mit Dänemark. In der Kalmarunion (1397) wird Erik von Pommern zum Regenten über Dänemark, Schweden und Norwegen erklärt. Dänemark erhält am meisten Einfluss. Deutsche und dänische Adelige sichern sich in Norwegen allmählich wichtige Positionen und norwegische Gutshöfe und Ländereien. Ab 1450 ist Dänisch offizielle Schriftsprache.

1469
Norwegen muss seine letzten Territorien (Orkneyinseln und Shetland) an Schottland abgeben.

1536
Norwegen ist ein Teil Dänemarks. Der Reichsrat wird abgeschafft, und die Kirche kommt in dänische Hände. Einführung der Reformation.
In Norwegen wohnen zu dieser Zeit nur rund 200 000 Menschen. Auf Grund des Exports von Holz, der Heringsfischerei und des Bergbaus erlebt Norwegen einen wirtschaftlichen Aufschwung.

1660
Der Einfluss des Adels wird stark eingeschränkt. König Frederik III. wird König des Reiches Dänemark-Norwegen.

1700–1721
Zeit der großen nordischen Kriege. Norwegen erhält für eine begrenzte Zeit eine eigene Regierung, wird aber bald wieder in ein vereintes Königreich unter dänischer Herrschaft integriert.

1807–1814
Dänisch-norwegischer Krieg gegen Großbritannien und Koalition mit Napoleon.

1811
Norwegens erste Universität in Christiania (Oslo).

1814
Im Januar 1814 wird Norwegen im Friedensschluss von Kiel an Schweden abgegeben. Im Mai tritt die erste Reichsversammlung zusammen, und am 17. Mai wird Norwegens erstes Grundgesetz proklamiert. Wahl von Dänemarks Erbprinz Christian Frederik zum König. Norwegen wird jedoch gezwungen, mit Schweden eine Union zu bilden.

1815
Erstes Parlament in Christiania, dem heutigen Oslo.

1905
Die Union mit Schweden wird aufgelöst, und Norwegen wird ein eigenständiger Staat. Dänemarks Prinz Carl besteigt unter dem Namen Haakon VII. Norwegens Thron.

1913
Wahlrecht für Frauen.

1914–1918
Im Ersten Weltkrieg bleibt Norwegen neutral, aber fühlt sich stark mit der Entente verbunden.

1925
Norwegen übernimmt die Souveränität über Svalbard.

1940–1945
Zweiter Weltkrieg. Am 9. April 1940 besetzt Deutschland Norwegen. Der norwegische König flüchtet nach England. Norwegens nördlichster Bezirk Finnmark wird größtenteils dem Erdboden gleichgemacht.

1949
Norwegen tritt der NATO bei.

1950–1970
Starkes Wachstum in der Industrie und im Dienstleistungsbereich. Viele verlassen die abgelegenen Gegenden und ziehen in die Städte.

1971
In der Nordsee vor Norwegens Küste wird nach Öl gebohrt. Norwegen wird Ölnation und wirtschaftlich von den Öleinnahmen abhängig.

1972
Norwegens Bevölkerung stimmt gegen eine EG-Mitgliedschaft.

1986
Ministerpräsidentin Gro Harlem Brundtland bildet eine »Frauenregierung«. Acht von 18 Ministern sind Frauen.

1989
Norwegens Urbevölkerung, die Samen, erhält ein eigenes Samenthing mit direkt gewählten Repräsentanten.

1990
König Olav V. stirbt. Kronprinz Harald wird Nachfolger.

1994
Die Norweger entscheiden sich erneut gegen eine EU-Mitgliedschaft.

1995
Die größte Überschwemmungskatastrophe seit 200 Jahren verwüstet Ostnorwegens Flusstäler.

1997
Bei den Parlamentswahlen im September siegen die Bürgerlichen.

2001
Hochzeit im Königshaus: Kronprinz Haakon heiratet seine bürgerliche Freundin Mette-Marit.

Worte mit den Anfangsbuchstaben Ø und Å stehen am Ende des Alphabets.
Å wird wie O ausgesprochen,
Æ wie Ä oder offener als E,
Ø als Ö und *U* wie Ü.
Sie werden sehr schnell feststellen, dass die Norweger Sie sofort duzen, auch auf Deutsch. Das liegt daran, dass in der Landessprache die höfliche Form »De« (Sie) nur sehr selten gebraucht wird.

Wichtige Wörter und Ausdrücke

Ja	*Ja*
Nein	*Nei*
Bitte	*Vær så god*
Danke	*Takk*
Wie bitte?	*Hva sa du?*
Ich verstehe nicht/kein norwegisch	*Jeg forstår ikke/ ikke norsk*
Entschuldigung	*Unnskyld*
Guten Morgen	*God morgen*
Guten Tag	*God dag*
Guten Abend	*God kveld*
Hallo (üblichster Gruß)	*Hei*
Ich heiße ...	*Jeg heter ...*
Ich komme aus Deutschland/ Österreich/ der Schweiz	*Jeg kommer fra Tyskland/ Østerrike/ Sveits*
Wie geht's?	*Hvordan går det?*
Danke, gut	*Takk, bra*
Wer, was, welcher	*Hvem, hva, hvilken*
Wie viel kostet dies?	*Hvor mye koster det?*
Wo ist ...	*Hvor er ...*
Wann	*Når*
Wie lange	*Hvor lenge*
Sprechen Sie Deutsch?	*Snakker du tysk?*
Auf Wiedersehen	*Ha det/farvel*
heute	*i dag*
morgen	*i morgen*

Zahlen und Wochentage

eins	*en/ett*
zwei	*to*
drei	*tre*
vier	*fire*
fünf	*fem*
sechs	*seks*
sieben	*sju/syv*
acht	*åtte*
neun	*ni*
zehn	*ti*
hundert	*hundre*
tausend	*tusen*
Montag	*Mandag*
Dienstag	*tirsdag*
Mittwoch	*onsdag*
Donnerstag	*torsdag*
Freitag	*fredag*
Samstag	*lørdag*
Sonntag	*søndag*

Mit und ohne Auto unterwegs

Wie weit ist es nach ...	*Hvor langt er det til ...*
Wie kommt man nach ...	*Hvordan kommer jeg til ...*
Wo ist ...	*Hvor er ...*
... die nächste Werkstatt	*... nærmeste verksted*
... der Bahnhof/ Busbahnhof	*... jernbanestasjonen/bussterminalen*
... die nächste U-Bahn/ Bus-Station	*... nærmeste T-bane/ bussholdeplass*
... der Flughafen	*... flyplassen*
... die Touristeninformation	*... turistinformasjonen/turistkontoret*
... die nächste Bank	*... nærmeste bank*
... die nächste Tankstelle	*... nærmeste bensinstasjon*
Wo finde ich einen Arzt/ eine Apotheke	*Hvor finner jeg en lege/et apotek*
Normalbenzin	*95 oktan*
Super	*Super (98 oktan)*
Diesel	*diesel*

rechts	*høyre*
links	*venstre*
geradeaus	*rett fram*
Ich möchte ein Auto/Fahrrad mieten	*Jeg vil gjerne leie en bil/sykkel*
Wir hatten einen Unfall.	*Vi har vært utsatt for en ulykke.*
Eine Fahrkarte nach ... bitte!	*Kan jeg få en billett til ...!*
Ich möchte ... Euro in NOK wechseln	*Kan jeg få vekslet ... Euro i norske kroner*

Übernachtung

Ich suche ein Hotel	*Jeg er på utkikk etter et hotell*
Ich suche ein Zimmer für ... Personen	*Jeg er på utkikk etter et rom for ... personer*
Haben Sie noch Zimmer frei?	*Har dere ledig rom?*
– für eine Nacht	*– for en natt*
– für zwei Tage	*– for to dager*
– für eine Woche	*– for en uke*
Ich habe ein Zimmer reserviert	*Jeg har reservert et rom*
Wie viel kostet das Zimmer?	*Hva koster rommet?*
– mit Frühstück	*– med frokost*
– mit Halbpension/ Vollpension	*– med halvpensjon/ helpensjon*
Kann ich das Zimmer sehen?	*Kan jeg få se på rommet?*
Ich nehme das Zimmer	*Jeg tar rommet*
Kann ich mit Kreditkarte zahlen?	*Kan jeg betale med kredittkort?*
Haben Sie noch Platz für ein Zelt/Wohnmobil/einen Wohnwagen?	*Har dere ledig plass til et telt/en bobil/en campingvogn?*
Ich reise morgen um ... ab	*Jeg reiser i morgen klokka ...*

Restaurant

Wo gibt es ein gutes Restaurant?	*Hvor finner jeg/vi en god restaurant?*
Ist dieser Platz noch frei?	*Er det ledig her?*
Die Speisekarte bitte	*Kan jeg/vi få menyen*
Die Rechnung bitte	*Kan vi få regningen*
Ich nehme ...	*Jeg tar ...*
Ich hätte gerne einen Kaffee	*Kan jeg få en kopp kaffe*
Wo finde ich die Toiletten (Damen/ Herren)?	*Hvor finner jeg toalettet (damer/ herrer)?*
Kellner/in	*servitør*
Frühstück	*frokost*
Mittagessen	*middag*
Abendessen	*kveldsmat*

Einkaufen

Öffnungszeiten	*åpningstider*
Wo gibt es ...?	*Hvor kan jeg få kjøpt ...?*
Haben Sie ...?	*Har dere ...?*
Wie viel kostet das?	*Hva koster det?*
Geben Sie mir bitte 100 g/ein Pfund/ein Kilo	*Kan jeg få 100 gram/et halvt kilo/et kilo*
Danke, das ist alles	*Takk, det var alt*
Bäckerei	*bakeri*
Kaufhaus/Einkaufscenter	*varehus/kjøpesenter*
Metzgerei	*slakteri*
Haushaltswaren	*husholdningsvarer*
Lebensmittelgeschäft	*kolonialbutikk*
Briefmarken für einen Brief/ eine Postkarte nach Deutschland/Österreich/in die Schweiz	*Frimerker til et brev/postkort til Tyskland/ Østerrike/ Sveits*

Norwegian Sea

Grip

Kristiansund 70
Vevang 64 Kårvåg 26
Atlanter-
havsveien
Molde E39 48 Langfjorden
Vestnes 64
10
Sjøholt E136 Vikebukt
8 Ålesund 11 20 63 Ånd
Runde Langevåg 25 K
Kvalsvik Torvik Sykkylven 650 **Trollstigen** R 63
Hareid Liabygda m
Ulsteinvik Vartdal 46 Stranda Valldal s
Lårsnes Ørsta Eidsdal 63 **Ørneveien**
Kjerringa Volda **Søstrefossen** Geiranger
Vågsøy Nord- Grodås 9 Geiranger- Grotli
Måløy 15 Stårheim fjordeid Stryn fjord
Brømanger **Skatestraumen** Loen Videseter 15
Kalvåg Svelgen Sandane 38 Olden **Lodalskåpa**
615 E39 60 **2080**
Florø Byrkjelo **Jostedalsbreen** Galdh
Naustdal **Nasjonalpark**
Stavang 5 Eikefjord 44 Skei Krossbu
Førde Vassenden Skjolden 55
Dale 13 13 **Skagas-**
Gjerdvika Sande Vik 5 Fjærland Gaupne **tindan**
Vadheim 26 Høyanger **2403**
Leirvik Lavik Balestrand Leikanger Lustra-
Solund 30 Ortnevik Vangsnes **Urnes** Øvre Ård
Eivindvik 5 E39 Bjordal Vikøyri **stavkirke** H
Fedje 103 13 Revsnes **Borgund** E
Hopland- Gudvangen Aurland Tønjum **stavkirke** 35
Rossnes sjøen Vikanes Vinje Flåm Borgund Bo
Knarvik Evanger **1424** 71 50
Ask Arna Dale 68 Voss 13 Ulvik **Hallingskarvet** 111
E39 Indre E16 Granvin 12 Eidfjord Haugastøl Gei
3 **BERGEN** 37 Tysse 47 Kvanndal 7 **Vøringsfossen** 7
Store Sotra 27 Norheimsund Utne Kinsarvik
Klokkarvik 37 Fusa Lofthus **Hardangervidda**
Øs 59 **Hårteigen**
Gjermundshamn 13 **1690**
1660 Odda **Skjeggedalsfossen** **Solfonn**
Tysnesøy 49 Rosendal **1674** **Nasjonalpark**
Stord E39 **Låtefossen**

Prekestolen,
Stavanger

Tørshavn
Lerwick
Egersund

112

A B C

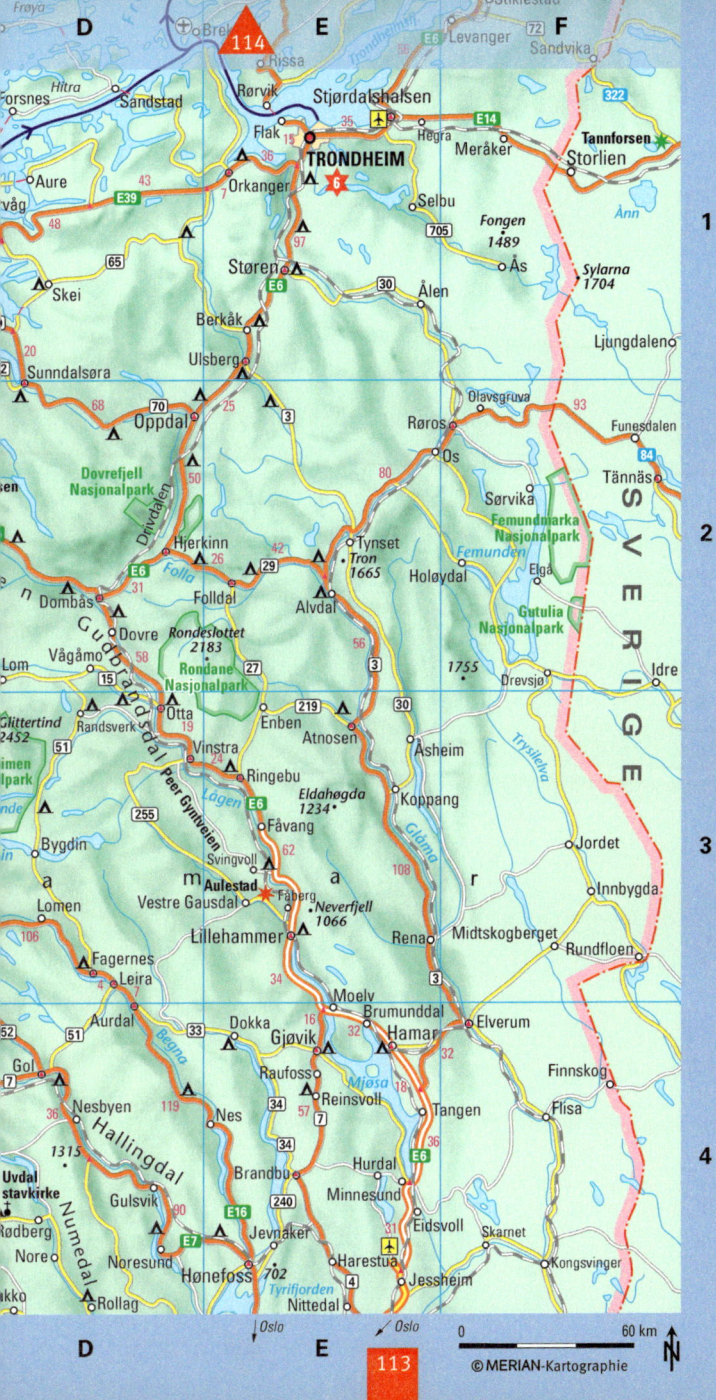

Frøya
Breh
Rissa
Stiklestad
Levanger
Sandvika
72
E6
322

Forsnes
Hitra
Sandstad
Rørvik
Rørvik
Stjørdalshalsen
E14
Tannforsen
Flak
15
Hegra
Meråker
Storlien
Aure
36
TRONDHEIM
Selbu
Ånn
våg
43
Orkanger
6
E39
48
97
705
Fongen
1489
Sylarna
1704
65
Støren
Ås
Skei
E6
30
Ålen
Berkåk
Ljungdalen
20
Ulsberg
Sunndalsøra
2
Olavsgruva
93
Funesdalen
68
70
Røros
84
Oppdal
25
3
80
Os
Tännäs
Dovrefjell
Nasjonalpark
50
Sørvika
Femundmarka
Nasjonalpark
Hjerkinn
42
Tynset
Tron
1665
Femunden
Drivdalen
26
29
Holøydal
Elga
Gutulia
Nasjonalpark
Dombås
E6
31
Folla
Folldal
Alvdal
Dovre
Rondeslottet
2183
56
Vågåmo
58
3
1755
Idre
Lom
15
Rondane
Nasjonalpark
Drevsjø
Glittertind
2452
Otta
27
Randsverk
19
219
30
imen
park
51
Enben
Atnosen
nde
Vinstra
Åsheim
Ringebu
Koppang
Eldahøgda
1234
Jordet
Bygdin
255
Fåvang
in
Lågen
E6
Svingvoll
62
108
Innbygda
Lomen
a
a
r
Aulestad
Faberg
Neverfjell
1066
Vestre Gausdal
Rundfloen
106
Lillehammer
Renaa
Midtskogberget
Fagernes
Moelv
3
Leira
4
34
Brumunddal
Elverum
Aurdal
33
Dokka
16
Hamar
52
51
Gjøvik
32
32
Finnskog
Gol
Raufoss
18
Mjøsa
7
Reinsvoll
Tangen
Flisa
Nesbyen
119
Nes
57
7
36
Hallingdal
34
Brandbu
Hurdal
E6
1315
240
Minnesund
Uvdal
stavkirke
E16
Gulsvik
90
Eidsvoll
Skarnet
Rødberg
Jevnaker
E7
Nore
Noresund
Hønefoss
702
Harestua
Jessheim
Kongsvinger
kko
Rollag
Tyrifjorden
Nittedal
Numedal
Oslo
Oslo

0   60 km

© MERIAN-Kartographie

N

	A	**B**	**C**

5

Arctic Circle

T

6

N o r w e g i a n

S e a

Brønn
Torg

Leka Sk

7

Vikna
Garstad o
Rørvik o Ko
Abelvær
Salsb

F o l d a

Namsos

⚓ **Buholmråsa**
   fyr

Osen o [17] 34

Namdalseid o 31

181 *F o s e n*

8

Frohavet

Åfjord o

8 o Steir

Beitstadfj

Frøya
Titran o

☩ o Brekstad

o Rissa

25 o Stikl

E6 o Levanger

Trondheimsfj. 56

	A		**B**		**C**	

Smøla Forsnes *Hitra* o Sandstad

113

Stjørdalshalsen

114

Flå 15

TRONDHEIM

Hegra E14 Meråker

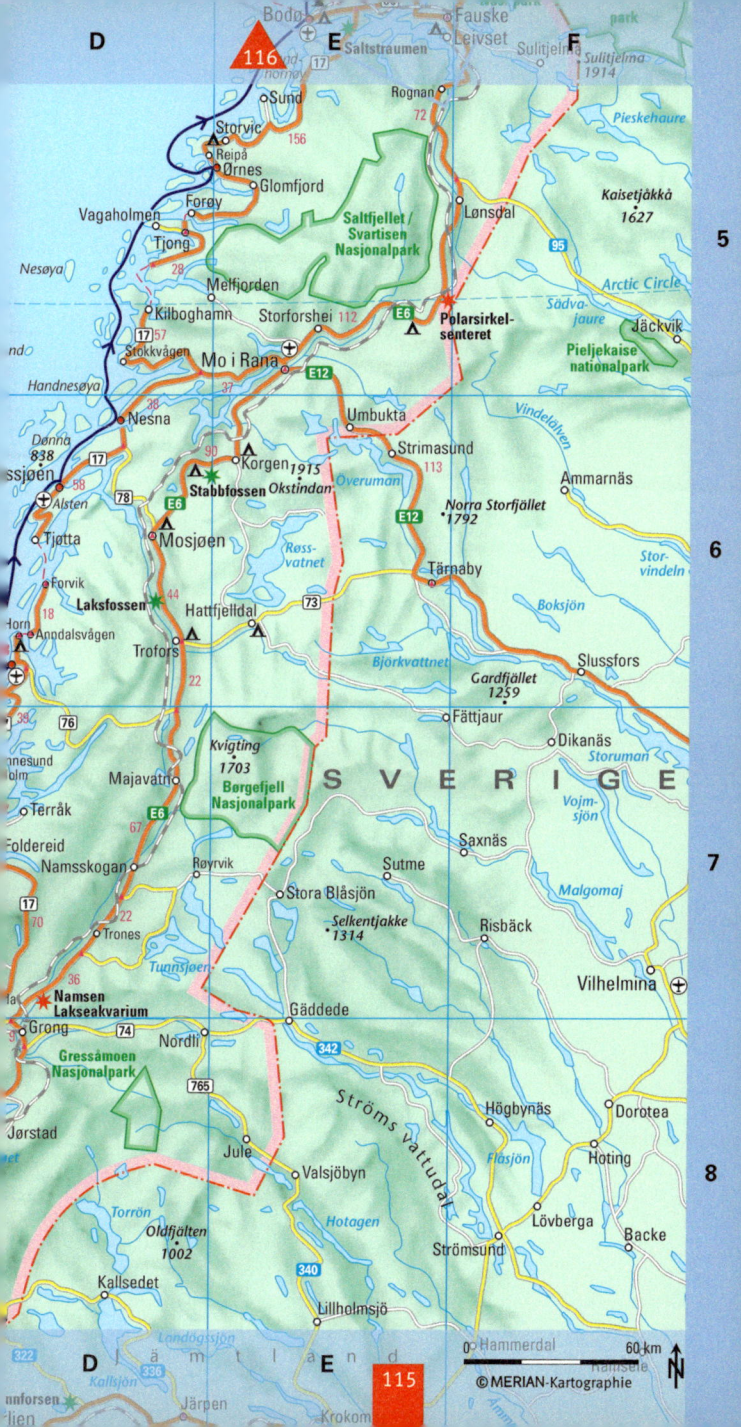

Bodø
Fauske
Saltstraumen
Leivset
Sulitjelma
park
park
Sulitjelma
1914

Sund

Rognan
72

Storvic
156

Reipå
Ørnes
Glomfjord
Forøy

Saltfjellet /
Svartisen
Nasjonalpark

Lønsdal

Kaisetjåkkå
1627

Vagaholmen
Tjong

28

Nesøya

Melfjorden

Kilboghamn
Storforshei
112
E6
Polarsirkel-
senteret

Arctic Circle
Sädva-
jaure
Jäckvik

95

57
17
Stokkvågen
Mo i Rana
E12
37

Pieljekaise
nationalpark

Handnesøya

38
Nesna
Umbukta
Vindelälven

Dønna
838
17
ssjøen
58
Alsten
78

90
Korgen 1915
Okstindan
Strimasund
113

Overuman

Ammarnäs

E6
Stabbfossen
E12
Norra Storfjället
1792

Mosjøen
Røss-
vatnet
Tärnaby

Stor-
vindeln

Tjøtta

Forvik
Laksfossen
44
Hattfjelldal
73

Boksjön

18
Anndalsvågen
horn
Trofors
Björkvattnet
Gardfjället
1259
Slussfors

22

Fättjaur

38
76

Dikanäs
Storuman

S V E R I G E

onnesund
olm
Majavatn
Kvigting
1703
Børgefjell
Nasjonalpark

Vojms-
sjön

Terråk
E6
67
Saxnäs

Malgomaj

Foldereid
Namsskogan
Røyrvik
Sutme

17
70
22
Stora Blåsjön
Risbäck

Trones
Selkentjakke
1314

Vilhelmina

36
Tunnsjøen

Namsen
Lakseakvarium
Gäddede
Grong
74
Nordli
342

Gressåmoen
Nasjonalpark

Högbynäs
Dorotea

765

Jørstad
Jule
Valsjöbyn

Flåsjön
Hoting

Torrön
Oldfjälten
1002
Strøms vattudal
Lövberga
Backe

340
Strömsund

Kallsedet
Lillholmsjö

Landögssjön
Landögssjön

nnforsen
lien
Kallsjön
Järpen
Krokom

0   Hammerdal   60 km

© MERIAN-Kartographie

N

N o r w e g i a n

S e a

Mefjord

Skaland

Gryllefjord

To

Karte siehe
Seite 53

Andenes

Anderdalen
Nasjonalpark

Andøya

Nyksund   Risøyhamn

Langøya

Jennestad

Harstad

Vesterålen

Sortland

Revsnes

Hinnøya

E10

140

Stokmarknes

Ramsund

Bogen

57

Hadseløya

Melbu

Tjeldøya

Fiskebøl

Lødingen

Austvågøy

Svolvær

64

Borg

Vestvågøy

Henningsvær

Hamarøy

Bognes

17

26

Kjøpsvik

2

Stamsund

Moskenesøya   Ballstad

Skutvik

37

E10   Nusfjord

Lofoten

Reine

Sørvågen

Bøgøy

Nordfold

E6

Lofotodden   Å

Leiranger

Mørsvikbotn

Akko

4

Værøy   Sørværøy

Padjelanta

Værøy fyr

Vestfjord

Røst

Røsvik

Virihau
national-

Kjerringøy

Rago
Nas.-park

107

park

Lårendgode

44

Sand-
hornøy

Bodø

80

19

Fauske
Leivset

Saltstraumen

Sulitjelma

Sulitjelma
1914

72

Piske

Sund

17

A   B   C

115

Hasvik

981
Seiland

Lopphavet
Sida
118

Stjernøy

Økstfjord-
jøkelen
1204
Øksfjord

Fugløya

Lopphavet

9

Kvaløy
Torsvåg

Helgøy
Vannøy
Arnøy
Skjervøy

Alta
Hjemmeluft
Alta-

Rebbesnøy

Vengsøya
Ringvassøy
Reynøy
Russelv
225
E6

93

1398
Kvaløya
Tromsø
Iddon
Jarga

Lingen
Kysttortet
Djupvik
Storslett
Bilto

Mesøy
Olderdalen
E6

Vikran
Lyngseidet
1833
Skibotn
69

Haldi
1329
Mollisfossen

Reisa
Nasjonalpark

E8
73

ia
Finnsnes
Seljelvnes
44
Nordkjosbotn

Kautokeino

Sørreisa
Moen
E6
Øverbygd

Pältsan
1444
Kilpisjärvi

Giev
Mieron

10

Andselv
4
150
Istindan
1487

Njunes
1713
Råstojaure
E8
Ropinsalmi

S U O M I

Setermoen

Øvre Dividal
Nasjonalpark
112

118

E6

Vadvetjåkka
nationalpark
Altevatnet

Kaaresuvanto
Karesuando

E10
8

16
vik
Abisko
Torne-
träsk

45

Abisko
nationalpark
150
E10

Nedre
Soppero

Lainioälven

11

Sitasjaure
Torneälven

Kebnekaise
2114
Nikkaluokta
Kiruna

Vittangi

V. Ritjemjåkk
Kaitumälven
48
Svappavaara

Junosuando

ora Sjöfallets
nationalp.
Vietas
Fjällåsen

S V E R I G E

Kalixälven

2089
Stortoppen
66

Sareks
tionalpark
Koskullskulle
Malmberget
Gällivare
Leipojärvi
394

Stora
Lulevatten

Kvikkjokk
Tjåmotis
Porjus

Jokkmokk,
Stockholm
117
Muddus
nationalpark

Randijaure

60 km
N

Saggat
Nattavaara

© MERIAN-Kartographie

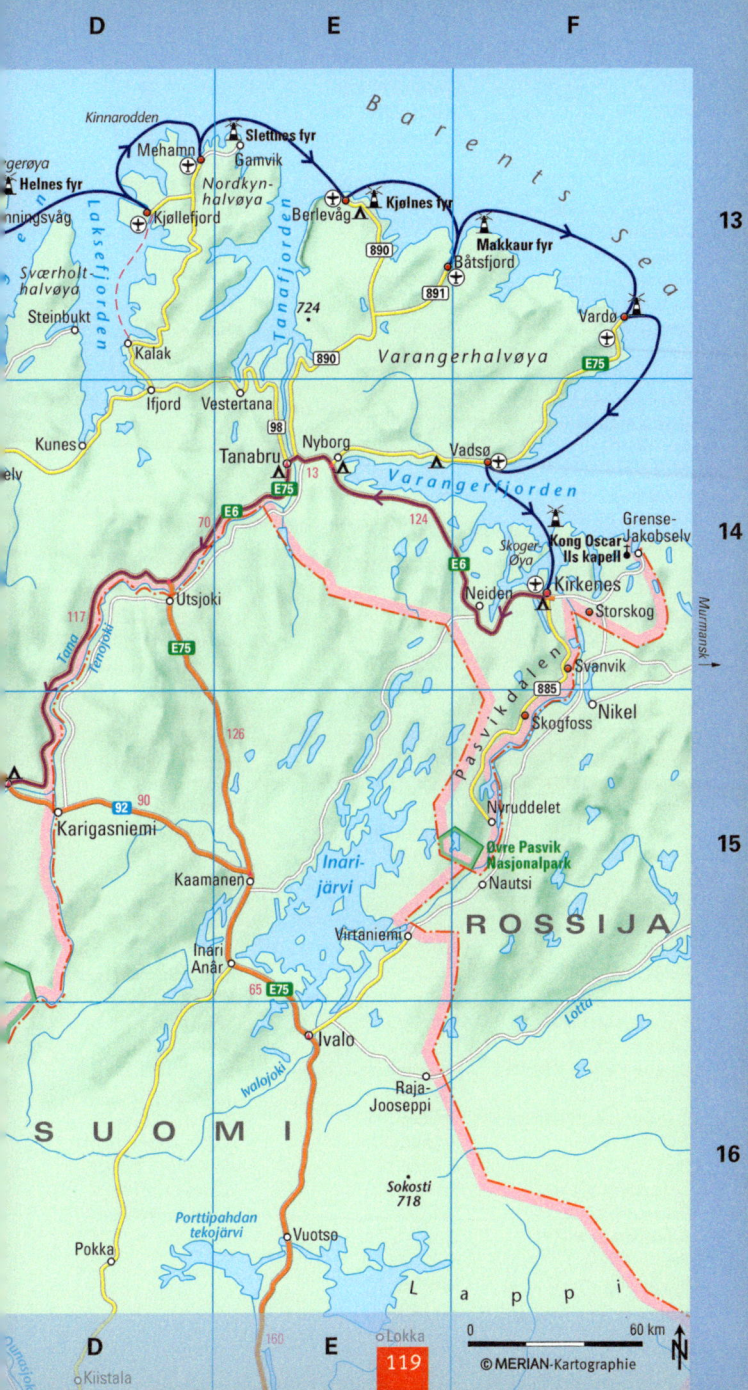

© MERIAN-Kartographie

KARTENREGISTER

Zeichenerklärung

○   Orte
△   Kap, Insel
▲   Gebirge
∞   Landschaft
~   Gewässer, Strand
★   Sehenswürdigkeit
☆   Nationalpark

Orts- und Sachregister

Hier finden Sie alphabetisch aufgeführt alle in diesem Band beschriebenen Orte und Ziele, Routen und Touren. Bei einzelnen Sehenswürdigkeiten steht jeweils der dazugehörige Ort in Klammern, bei Hotels steht zusätzlich die Abkürzung H für Hotel. Außerdem enthält das Register wichtige Stichworte sowie alle MERIAN-Tipps dieses Reiseführers. Wird ein Begriff mehrfach aufgeführt, verweist die **fett** gedruckte Zahl auf die Hauptnennung im Band.

MERIAN
Die Lust am Reisen.

Jetzt im Buchhandel: das MERIAN-Heft Irland

Grüne Insel mit malerischen Felsenküsten:
dramatisch, herb und heiter. Lebenslust und Tradition:
Boomtown Dublin. Exotische Gartenparadiese im
Süden. Die Pracht der Schlösser und Herrenhäuser.

Über 100 weitere Titel im Buch- und Zeitschriftenhandel

IMPRESSUM

Liebe Leserinnen und Leser,

Sie haben die komplett aktualisierte Ausgabe 2002 von MERIAN live! vor sich, die von unserem Autor aktuell vor Ort recherchiert wurde. Wir freuen uns, Ihre Meinung zu diesem Reiseführer zu erfahren. Bitte schreiben Sie uns, wenn Sie Berichtigungen und Ergänzungsvorschläge haben oder Ihnen etwas besonders gut gefällt.

Gräfe und Unzer Verlag, Reiseredaktion, Postfach 86 03 66, 81630 München
E-Mail: merian-live@graefe-und-unzer.de

Alle Angaben in diesem Reiseführer sind gewissenhaft geprüft. Preise, Öffnungszeiten usw. können sich aber schnell ändern. Für eventuelle Fehler übernimmt der Verlag keine Haftung.

Redaktion: Christa Botar
Kartenredaktion:
Reinhard Piontkowski

**Bei Interesse an Karten aus MERIAN-Reiseführern schreiben Sie bitte an:
E-Mail: geomatics@ipublish.de**

Gestaltung: Ludwig Kaiser
Karten: MERIAN-Kartographie
Produktion: Helmut Giersberg
Satz: Filmsatz Schröter, München
Druck und Bindung:
Appl, Wemding

Fotos: J. Jepsen 2, 22/23, 31 o, 32, 51, 84/85, 94/95; J. Meier 77; A. Mosler 4/5, 9 o, u, 24, 31 m, u, 39 m, u, 45 m, u, 48, 61 o, m, u, 66, 72, 78, 87, 89; Norwegische Schifffahrtsagentur NSA 9 m, 12/13, 16/17, 45 o; Oswaldpress (Schröder) 33, 39 o, 83

Gedruckt auf Primabulk von Papier Union.

ISBN 3-7742-5799-X

10 9 8 7 6 5 4 3 2 1

Ein Unternehmen der
GANSKE VERLAGSGRUPPE